Berndt Schulz

Don Johnson

V.I.P.

Bildquellen:
Inter-Topics: S. 2, 4, 5, 6, 22, 33, 35, 50, 51,
55, 57, 63, 64, 65
Deutsches Institut für Filmkunde: alle übrigen
Abbildungen

Dieser Band erscheint in der Reihe V.I.P. cinema
V.I.P. ist ein Imprint der Paul Zsolnay Verlag
Ges.m.b.H., Wien
Originalausgabe
© 1993 by Paul Zsolnay Verlag Ges.m.b.H., Wien
Textbearbeitung: Dr. Petra Gallmeister
Umschlagentwurf und -gestaltung: Studio d'Arte
Umschlagfoto: Norman Schreiber/Inter News
Innenlayout: Bernd Jünger, Düsseldorf
Druck und Bindung: VPM, Rastatt
Printed in Germany 1993
ISBN 3-552-05097-3

Inhalt

Das Idol

Don Johnson machte den Dreitagebart und die Hippiefrisur, mit einem Wort die Freaklinie salonfähig. Er trug dieses Outfit in den achtziger Jahren zu ebenso lässigen wie sündhaft teuren Gianne-Versace-Designeranzügen, zu Leinenschuhen ohne Strümpfe, zu pastellfarbenen T-Shirts. Also verband er den Schmuddellook mit der Haute Couture, das Hippiebenehmen mit den Manieren des Salonlöwen, den Hinterhof mit der Belle etage. Seitdem kommt in Hollywood kein Kostümier oder Ausstatter mehr an seinem Geschmack vorbei. Don Johnson – der Trendsetter.

Was Humphrey Bogart für bestimmte manieristische Gesten tat, tut Don Johnson für lässige Eleganz. Er bewegt sich tänzerisch, sinnlich, leicht – um plötzlich zu explodieren. Sein Aussehen gleicht manchmal dem eines Rauschgoldengels der Leinwand, manchmal, besonders in seinen letzten Filmen, dem eines Schauspielers, der gern in der Rollenpsychologie seiner Figuren verschwindet. Wo er früher eher eitel auf gutausgeleuchtetem Glamour beharrte, leiht er der Filmindustrie und ihren Kameras heute nichts als sein Talent, aufregende Leinwandgestalten zu verkörpern.

Natürlich ist er seit **Miami Vice** eines von Nordamerikas heißesten Sexsymbolen, ein Teenager-Schwarm und Traum älterer Damen. Das liegt an seiner femininen Ausstrahlung, die in früheren Jahren den Bereich eines immer verfügbaren Jungen von der Straße streifte, eine Aura, die zunehmend männlicher, zupackender wurde, allerdings von Sensibilität geprägt blieb und manchmal beinahe androgyne Züge besaß. Dadurch wurde Don Johnson zur Projektionsfläche von weiblichen wie auch männlichen Sehnsüchten.

Aber heute will er nur noch eines sein: ein Schauspieler, der seine bewunderungswürdige Arbeit leistet.

Dabei hilft ihm seine Frau Melanie Griffith, auch sie ein Hollywood-Star, mit der Johnson nun zum zweitenmal, und diesmal anscheinend für immer, verheiratet ist. Die wilden Jahre mit Drogenabhängigkeit, antiautoritärem Verhalten, künstlerischem Berserkertum und Anarchismus in Hollywood scheinen vorbei zu sein: Aus dem „party-animal" und Gesellschaftsschreck Don Johnson ist ein Darsteller geworden, der in seinen bisher letzten Filmen

Dead Bang – Kurzer Prozeß (Dead Bang, 1989), **The Hot Spot – Spiel mit dem Feuer** (The Hot Spot, 1990), **Sommerparadies** (Paradise, 1991) und **Born Yesterday** (1993) seine Klasse bewies. Ein Charakterstar für die neunziger Jahre.

Was macht seinen Erfolg aus?

Er sieht blendend aus. Sicher. Ist sexy und charmant. Na klar. Intelligent und erfahren. Kaum überraschend. Er besitzt den Hauch des Geheimnisses, den nur Männer von der Straße haben, Männer, die in schwierigen Verhältnissen groß geworden sind. Das macht ihn authentisch. Und seine Aura, die früher der eines hübschen Strichjungen vom Hollywood Boulevard glich, hat durch die wilden Jahre der Drogen-, Tabletten- und Alkoholexzesse, in deren Dunst er zeitweise zu versinken drohte, nur zugenommen. In seinen Gesichtszügen spiegelt sich nun die Erfahrung, die er mit sich selbst machte, der Kampf gegen selbstzerstörerische Versuchungen, denen er oft erlag. Der allzu sanfte Schönling ist nun von innen heraus wirklich schön geworden. Er besitzt Charakter und Charisma. Das zeigt sich auch darin, daß er „stolz auf seinen Charakter und seine Lachfalten" ist, so könne jeder sehen, sagt er heute, „wie gern ich lebe".

Dabei hat er seine Prinzipien und moralischen Werte nicht vergessen. Sie machen einen Teil der Faszination aus, die von diesem liberalen Mann und lebensprallen Filmstar auf sein Publikum überspringt.

Don Johnson war nie ein Hollywood-Duckmäuser, der nur die Karriere um jeden Preis im Auge hat. Das hedonistische Leben eines modernen Menschen sagte ihm mehr zu. Monogamie war nie sein Stil, in Beziehungen zu Frauen ging er immer als „Liebhaber, nie als Geisel", wie er es selbst einmal sehr plastisch ausdrückte. Ob sich seit seiner zweiten Ehe mit Melanie Griffith daran etwas geändert hat, bleibt erklärtermaßen sein Geheimnis.

Bevor er mit der TV-Serie **Miami Vice** zum Superstar aufstieg, versuchte sich Don Johnson fünfzehn Jahre lang mit kleinen, hoffnungsvollen Rollen durchzusetzen. Er galt lange als größtes Nachwuchstalent des Theaters und Films, blieb aber in Rollen stecken, die sich als Fehlschlag erwiesen, spielte orientierungslos das Falsche. Und vergeudete von Jahr zu Jahr immer mehr seiner kreativen Energien in einem besessenen Privatleben mit Affären und Skandalen. Die siebziger Jahre brachten ihm noch keinen Ruhm, sie waren die Zeit seiner Exerzitien.

Die Rolle des Sonny Crockett in **Miami Vice**, 1983 entworfen und seit 1984 gespielt, war ihm auf den Leib geschrieben. Don Johnson hatte plötzlich das Gefühl, sein eigenes Leben würde hier verfilmt. Die Serie kurbelte auch seine Karriere als Rockmusiker an, der mit „Heartbeat" und „Let It Roll" zwei hochkarätige LPs und CDs herausbrachte, die zu vergoldeten beziehungsweise platinierten Hits der Charts aufstiegen. Von „Heartbeat" wurde darüber hinaus ein Video produziert, das zu den besten des Genres gehört. Live-Konzerte brachten überragende Erfolge.

Bald wird das Publikum den Star Don Johnson nicht nur als Schauspieler, sondern auch als Produzenten und wohl ebenfalls als Regisseur sehen. Was er jedoch vor allem möchte, ist: „Das Leben restlos leben!" Für einen Don Johnson, der die sinnliche Existenz im allgemeinen sowie insbesondere den Film und die Rockmusik liebt und unermüdlich in sechzehnstündigen Arbeitstagen dafür tätig ist, sind die Möglichkeiten, die das Showbiz ihm bietet, gerade gut genug. Sein Motto: „Enjoy life and be happy!", ist nur mit Kreativität zu realisieren.

Hat ihn der Erfolg der letzten zehn Jahre berührt? „Ja", sagte Don Johnson einmal, „aber nur in dem Maße, wie ich morgens in den Spiegel sehen und mir sagen kann, daß ich stolz auf das bin, was ich tue. Wäre das nicht so, würde ich es hinschmeißen."

Dazu besteht kein Grund. Nicht für die nächste Dekade großer Leinwandrollen und Kinofilme in Hollywood. Denn es hat den Anschein, als finge Don Johnson jetzt erst richtig an. ●

Der Mann aus Missouri

Don Johnson stammt aus Verhältnissen, in denen im Normalfall keine Stars entstehen. Manchen Menschen ist es in die Wiege gelegt, in ein glitzerndes Milieu hineinzuwachsen – nicht immer nutzen sie diesen Vorteil. Don Wayne Johnson hingegen hatte einen weiten Weg nach oben und wußte ohnehin lange nicht, daß er überhaupt dorthin wollte.

Was hingegen wollte er? Überleben.

Und das war nicht leicht in einem Milieu, in dem es vor allem darauf ankam, für den nächsten Tag genug zu essen zu haben.

Am 15. Dezember 1950 kommt Don Wayne in diese Welt hinein, ein kräftiges, hübsches Baby, das sich mit einem Schrei ankündigt. Es gerät in eine Phase schwieriger Orientierungen. Denn in Galena, Missouri, also im tiefen Süden, sind die Zeiten noch nie rosig gewesen und erweisen sich jetzt, wo die USA das Trauma des Zweiten Weltkriegs verarbeiten und ihre Wunden lecken, als noch grauer. Der Vater plagt sich auf der kleinen Farm seiner eigenen Eltern, die gerade genug für die Familie abwirft, die sich stetig vergrößert. Denn Don Wayne bekommt noch eine Schwester, Jamie, und zwei Brüder, Greg und K. C.

Arme Verhältnisse, doch Don war glücklich. Er hatte die Familie, insbesondere den geliebten Großvater, um sich; die bergige Waldlandschaft in Galena glich jener, in der Tom Sawyer und Huckleberry Finn abenteuerten; es gab Freunde und die freie Wildbahn, in der sich tolle Spiele durchführen ließen.

lenfrieden „verheerend, schlimmer, als ich mir eingestehen wollte", ausgewirkt, bleibt bei der Mutter. Da ihm die väterliche Autorität fehlte, wuchs er einerseits freier auf, andererseits löste er sich aber nicht richtig von der Mutter, an der er übermäßig hing. Viel später, als Erwachsener, hat er sich einmal so über seine Mutter und sein Verhältnis zu ihr geäußert:

„Sie war lebhaft, herzlich, lustig, aber auch sehr eigensinnig und streng. Sie konnte mich jedenfalls jederzeit zum Lachen bringen. Und sie wußte immer ganz genau, wie es um mich stand. Später, als sie starb, redete ich mir lange Zeit ein, daß sie nicht wirklich tot sei – so stark war meine Bindung an meine Mutter."

Don geht intensive Bindungen zu Freunden ein, die aus der Gosse kommen – und dort später meist auch enden, wenn nicht sogar im Leichenschauhaus. Und er knüpft Bindungen zu Mädchen, die gefühlsmäßig aufgeheizt verlaufen, jedenfalls nicht so, wie man es von Zwölfjährigen erwarten mag: mit Schwärmereien, Kinobesuchen, Disko, Tagebucheintragungen, Briefeschreiben, Treffen

Kindheit und Jugend

Und am Sonntag sang er im baptistischen Kirchenchor der Gemeinde.

Don bekam also von den wirtschaftlichen Schwierigkeiten der Familie nichts mit und auch nichts von den emotionalen Problemen seiner Eltern. Diese hatten sehr früh geheiratet, in einem Alter, in dem andere noch als Heranwachsende gelten: er mit achtzehn, sie mit fünfzehn Jahren. Als sie sechzehn war, wurde Don geboren. Die Liebe war zu diesem Zeitpunkt noch innig, kühlte sich in den folgenden Jahren jedoch ab. Aber noch blieb das Paar zusammen.

Für Don bedeutete es einen Schock, als er eines Tages seinen Abenteuerspielplatz in Missouri verlassen mußte. Der Vater hatte einen Job in der Rüstungsindustrie bekommen, und die Familie zog nach Wichita in Kansas um. Don war zu diesem Zeitpunkt fünf Jahre alt. Und er ist elf, als die Eltern sich scheiden lassen – der zweite Schock. Die emotionale Unsicherheit von Don Johnson, die ihn später in zahlreiche, wahllose Affären treibt, mag hierin ihre Wurzeln haben.

Der Junge, der später zugibt, die Trennung seiner Eltern habe sich auf seinen See-

im „Diners" nach der Schule. Don verliert schon mit zwölf seine „Unschuld".

Das Mädchen, das daran „schuld" hat, ist immerhin siebzehn – eine attraktive junge Frau, die auf die Kinder aufpassen sollte und von Dons Charme überwältigt wurde.

Daran ist natürlich überhaupt nichts verwerflich. Früh übt sich, wer ein attraktiver Lover werden will. Doch vielleicht hängt es mit dem frühen Beginn von Don Johnsons Liebesleben zusammen, daß er bereits in jungen Jahren eine Kette von Affären, Liebesdramen, Freundschaften, Orgien, Ehen, Scheidungen und neuen Bindungen durchlebte.

Dons Karrierestart als Liebhaber ging jedoch leider mit dem Ansatz zu einer Laufbahn als Kleinkrimineller einher. Don Wayne Johnsons übermäßige Energien, seine Neugier und sein unglaubliches Selbstbewußtsein lieferten ihm für beide Karrieren das notwendige Rüstzeug. Seine emotionalen Kraftreserven schienen unerschöpflich zu sein – er wußte jedoch nicht immer, wie er sie zu steuern hatte. Im Alter von zwölf Jahren sitzt er zum erstenmal in einer Jugendstrafanstalt. Er hat einen Wagen gestohlen und diesen zu allem

Überfluß auch noch in einen Schrotthaufen verwandelt. Die Polizei von Wichita sieht keinen Grund, hier ein Auge zuzudrücken. Don muß zwei Wochen absitzen.

Es waren nur zwei Wochen – aber für Don zwei lange Wochen zuviel. Inzwischen zog das Leben draußen nutzlos vorbei, nutzlos, weil er nicht dabei war. Und die Mädchen zogen vorbei und hatten keine Gelegenheit, einen interessierten Blick auf den hübschen Jungen mit den goldblonden Locken zu werfen.

Als sich die Tore des Jugendknasts wieder öffneten, hatte Don beschlossen, nie mehr in eine solche Anstalt zurückzukehren – mit allen Konsequenzen, die ein solcher Entschluß beinhaltet. Und er entschied, seine Mutter zu verlassen, die ihm, bei aller gegenseitigen Liebe, keine Orientierungen gab. Er zog zu seinem Vater – nicht zuletzt deshalb, weil dieser nach Missouri zurückging. Der Vater, nach Dons Meinung ein meisterhafter Mechaniker und Zimmermann sowie überhaupt „das Salz der Erde", hatte beschlossen, als selbständiger kleiner Handwerker, Laden- und Garagenbesitzer sein Auskommen zu suchen, und die Chancen, dies in seiner alten Heimat zu schaffen, waren günstiger.

Don und sein Vater, ein durch und durch praktischer und verständnisvoller Mensch, bildeten kein schlechtes Team. Sie packten ihre Sachen und machten sich auf den Weg zurück nach Galena. Die Szene mutete an wie ein Road movie: Vater, Sohn und überbordende Möbelstücke aller Art, verpackt auf einem klapprigen Dogde mit Ladefläche, der über die endlosen Highways dahinzuckelte. Ein friedliches Bild. Doch das Erwachen in Missouri war für Don nicht leicht.

Der Vater heiratete erneut, und Don erhielt eine Stiefschwester, Deanna. Doch die Stiefmutter kam Don vor wie die böse Alte in deutschen Märchen, die er in der High-School gelesen hatte. Er hält es eine Weile aus, dann – im Alter von sechzehn Jahren – zieht er wieder weiter: zurück nach Wichita. Immerhin kennt er dort eine Menge Gleichaltriger, mit denen sich was aufreißen läßt. Und nicht nur borniert Ordnungshüter wie im strengen, baptistischen Galena, die den jungen Tunichtgut mißtrauisch und verständnislos beäugen.

Don war um die Mitte der sechziger Jahre ein „ganz normaler" Rock'and'Roll-Rebell, der im Radio fetzige Musik hörte, die Beach Boys und die Beatles bevorzugte, vor sich hin swingte und darüber nachdachte, wer er ist und was er will. Der Sechzehnjährige grübelt also über seine Zukunft.

Und eines Tages geht ihm auf, daß er wieder zur High-School gehen will, um etwas zu lernen. Er will unabhängig sein. Daß er einen derartigen Willen entwickeln konnte, war sicher ein Vorteil seines bis dahin rastlosen Lebens.

Doch es gab auch den Nachteil, daß er nun selbst bestimmen mußte, wohin sein Leben läuft, und dafür noch nicht reif genug war. Don torkelte von einer Beziehung mit meist viel älteren Frauen und Freunden zur nächsten, wohnte in provisorischen Verhältnissen, jobbte, versackte, rappelte sich wieder auf. Er ging tatsächlich wieder zur Schule. Nach Schulschluß jobbte er in einer Fabrik, verrichtete die dreckigsten Arbeiten, schuftete wie ein Berserker. Nicht zuletzt, um seiner damaligen Freundin, einer 26jährigen Bardame, die Miete mitfinanzieren zu können.

Was die libidinöse Seite des Alltags anging, hatte Don also keine Probleme, jedenfalls nicht die von Gleichaltrigen, die immer stöhnten, es gäbe zehn Millionen Mädchen in den USA und keines gehöre ihnen. Don war bei Frauen gefragt.

Bei Lehrern jedoch nicht. Deshalb riet ihm eines Tages eine Lehrerin namens Karen Slater – Don Johnson segnet sie noch heute dafür–, doch mal einen Theaterkurs zu besuchen, um ein paar Punkte für sein Zeugnis zu ergattern und seinen miserablen Notendurchschnitt zu verbessern. ●

Don Johnson im Jahr 1970 – ein junger, attraktiver Nachwuchsschauspieler, der noch nicht weiß, wohin er will.

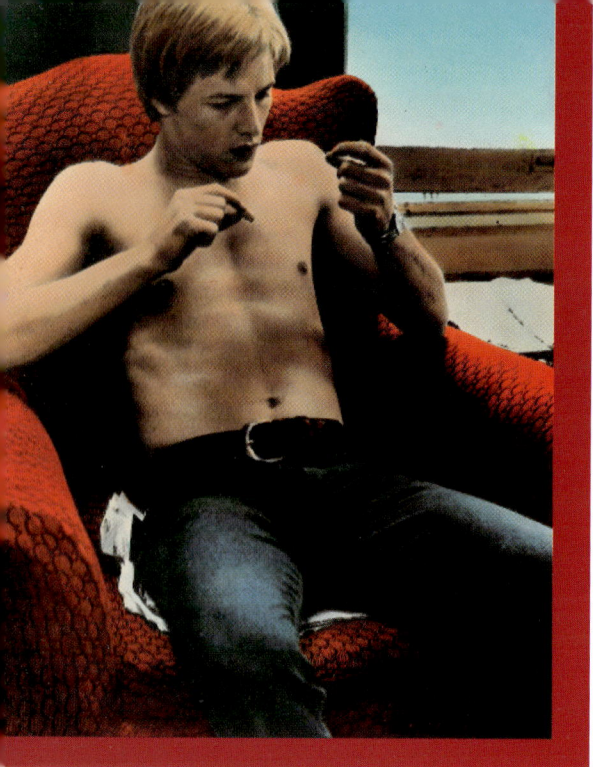

Dieser Tag legte den Grundstein für Don Johnsons Karriere als Mime. Denn in der Theaterklasse der High-School fühlte er sich sogleich zugehörig. Das Vorsprechen, Vorsingen und Spielen sprach eine Seite in ihm an, von der er bis dahin überhaupt keine Ahnung gehabt hatte. Seine Liebe zur Darstellung nahm sofort und überwältigend von ihm Besitz. Und er fing an, die Klassiker der anglo-amerikanischen Theaterliteratur zu lesen – William Faulkner, Tennessee Williams, Arthur Miller, Edward Albee, James Saunders.

Er ergatterte eine Rolle in der Schulaufführung der „West Side Story", machte auf der Bühne zum erstenmal die Erfahrung, was es bedeutet, sich von sich selbst für die Dauer des Spiels zu lösen, stand sich selbst gegenüber und fand das herrlich. Er schaute plötzlich über den engen Horizont eines narzißtischen jungen Mannes hinaus und sah eine Welt der Worte, der Bedeutungen, der spielerischen Problemlösungen.

Aber sein Ehrgeiz war ungebrochen, er wußte, er wollte spielen!

Wir schreiben das Jahr 1968. In den USA ist die Studentenrevolte voll im Gang. An den kalifornischen Universitäten von Berkeley und Los Angeles rumort es, die akademische Jugend demonstriert gegen Rassendiskriminierung und den sich ausweitenden schmutzigen Krieg des Westens gegen Vietam. Die Unruhen sind ansteckend, selbst im konservativen Kansas bekommt man etwas davon mit. Und Don Johnson ist einer der ersten, wenn es darum geht, gegen individuelle und nun auch staatliche Autoritäten anzukämpfen.

Vor allem schätzte Don die Begleiterscheinungen der Jugendrevolte: die Propagierung der freien Liebe, der experimentelle Einsatz von Drogen, das Provozieren neuer Sinnlichkeit im Gegensatz zur funktionalen Moral der Alten, die nur weiter „die Maschine am Laufen halten wollen" – wie er es nannte.

Don zog mit Anita Sorrels, einer elf Jahre älteren Uni-Professorin, zusammen. Sie hatte bereits drei Kinder und genoß den Skandal,

Theater und Revolte

Diese Erfahrung übte einen entscheidenden Einfluß auf den jungen Schauspielschüler aus. Er blieb am Ball, bekam tatsächlich wieder Freude am Lernen, besuchte weiter die Schule und ergatterte durch Fleiß und Fürsprache seiner Theaterlehrerin ein Stipendium an der Universität Kansas. An der dortigen dramatischen Fakultät konnte er unter Beweis stellen, wie weit seine neue Liebe zur Schauspielkunst wirklich ging.

Die Schauspielerei wurde – neben den Frauen – die große Liebe des jungen Nachwuchsmimen. Er bemühte sich um alle Rollen, die er spielen konnte, war unersättlich und auch von seinem großen Talent überzeugt. Vielleicht geht es gar nicht anders. Doch Don übertrieb seinen Einsatz. Da er Kritik von Erwachsenen aufgrund seiner tiefsitzenden Auflehnung gegen Autoritäten immer abgelehnt hatte, hörte er auch jetzt nicht auf die Einwände von Profis, die ihm raten wollten. Er machte Fehler, stürzte sich in darstellerische Abenteuer, die ihn überforderten, und fiel so manches Mal auf die Nase.

den ihre Entscheidung auslöste. Anita ist die Frau, die sich jeder „Halbstarke" in seinem Leben nur wünschen kann. Sie war äußerst attraktiv, intelligent und erfahren genug, um ihn zu lenken – und in dieser Erfahrenheit wurde sie noch attraktiver.

Don genoß das Verhältnis, das sinnlich und mütterlich zugleich war. Er fand bei älteren Frauen wie Anita die Aufgeklärtheit und sinnliche Souveränität, die er bei gleichaltrigen Mädchen vermißte. Außerdem saß Anita im inneren Kreis der Theaterszene von Kansas, kannte alles und jeden und wurde für Don zur wichtigsten Lehrerin in Sachen Darstellung – und Selbstdarstellung.

Don war beglückt. Aber da er nicht die Absicht hatte, sein Leben an der Seite von Anita – also einer einzigen Frau! – zu verbringen, erfuhr ihre Beziehung bald schwere Belastungen. Und sie zerbrach schließlich. Don konnte nicht treu sein, und keine Frau, die ihn richtig kannte, erwartete das ernsthaft von ihm. Anita wandte sich daraufhin einem noch jüngeren Schüler zu.

Der polygame Tausendsassa und junge Herzensbrecher Don Wayne Johnson zog rastlos weiter. Er probierte sich selbst aus und merkte, daß er noch lange nicht an seine Grenzen stieß. Er war so begehrt, daß er überall ankam. Kein Wunder, daß er in seinem jugendlichen Alter von achtzehn Jahren alles annahm, was ihm geboten wurde. Er konsumierte Frauen.

Später erinnerte er sich: "Ich war damals aufgrund meiner Chancen immer arrogant und ein richtiges Arschloch. Zwar bin ich noch immer dieselbe Person, doch ich habe aus meinen Fehlern gelernt." ●

Don Johnson liebte die Frauen und Mädchen – und sie liebten ihn ...

Nach zwei Jahren Aufenthalt in Kansas bringt ein neues Stipendium den ungestümen Jungen nach San Francisco. Der Direktor des American Conservatory Theatre, Ed Hastings, hat es ihm durch die solidarische Vermittlung Anita Sorrels' verschafft, und Don bemüht sich nun, alle Sparten des Schauspielens zu erlernen. In seinem neuen Umfeld gab er sich soviel Mühe wie niemals zuvor in seinem Leben. Sein Alltag glich einer Trainingseinheit, bestehend aus Darstellungskunst, Musik, Tanz, Stimmkultur, Gesang, Rezitation der Klassiker. Die Freunde, die um ihn herum waren, beeindruckte er mit täglich achtstündiger, harter Arbeit. Die Mädchen mit seinem stets präsenten Sex-Appeal.

Gemeinsam mit seinen Hippiefreunden aus San Francisco zog Don in dieser Zeit abends zu den großen Rockkonzerten und Tanzveranstaltungen im „Fillmore", „Hippopotamus" oder „Avalon Ballroom". Marihuana und LSD spielten dabei immer eine wesentliche Rolle. Wir schreiben das Zeitalter,

er den bewunderten Jimi Hendrix kennenlernte. Es war eines Abends im „Hippopotamus", einer Disko in der Innenstadt. „Ich kam gerade aus dem Waschraum, hatte Kokain geschnupft, und Reste davon hingen noch über meiner Oberlippe – und ich rempelte völlig stoned gegen diesen schwarzen Jungen. Ich sah auf - es war Jimi. Meine Kinnlade fiel auf meine Brust herunter. Er lächelte und sagte: ‚Mann, du kannst nicht mit dem Zeug im Gesicht herumlaufen', und er blies mir das Kokain aus dem Gesicht. Er war so charmant – ich hätte in diesem Moment alles für ihn getan. Aber ich blieb wie vom Donner gerührt stehen, als er schließlich weiterging."

Die Erfahrungen mit seinen kreativen Fähigkeiten, vor allem inmitten der enorm produktiven „Hip"-Szene von Frisco, steigerten Don Johnsons Selbstbewußtsein. So kam es nicht von ungefähr, daß er mutig genug war, sich um eine tragende Rolle in dem Rockmusical „Your Own Thing" zu bemühen. Wer wagt, gewinnt. Er bekam die Rolle und 150 Dollar Gage die Woche – im Jahr 1968 ein kleines Vermögen für einen jungen Schauspieler.

Rock'n'Roll in San Francisco

in dem alles möglich zu sein scheint, die „Ära der närrischen Jugend", wie Johnson selbst einmal sagte. Weiter führte er aus: „Unser Kompaß war damals zwar der Joint, aber wir wußten, was los war. Wir kamen von überall her zusammen – ich aus Missouri, Holly Woodlawn aus Florida, Lou Reed aus Long Island, Andy Warhol aus Michigan oder Minnesota oder sonst woher – und wir hatten eines gemeinsam: den Abscheu vor Langeweile und Mittelmaß. Das war es, was uns anzog. Wir waren jung und komplett verrückt, tanzend in einem ständigen Ballett der Ausschweifung." Und die Rockgruppen der Stadt oder jene Musiker, die hier Konzerte gaben, kannte Don inzwischen alle, von Tim Hardin über Carlos Santana bis zu Frank Zappas Mothers of Invention. Mit Frank Zappa knobelte er gemeinsame Filmpläne und verrückte Videoprojekte aus. Auf Partys sah man ihn mit Mitgliedern der Rockbands The Mamas and the Papas und The Doors. Don Johnson redete nicht nur über Musik, er begann, Musik zu leben.

Gern erzählt er von dem Moment, in dem

Don schien im Zeitalter der Blumenkinder, von Woodstock, Bewußtseinserweiterung, Geschlechterrevolution und Rockrevolte prädestiniert für die Darstellung eines feminin wirkenden Jungen, der singen, sprechen und sich sexy bewegen konnte. In Rockmusicals wie „Your Own Thing" ging es nicht mehr um das Rezitieren verstaubter klassischer Texte, sondern um umfassendere Poesie, wie sie etwa aus der choreographischen Darstellung bekannt ist - das Wort, die Musik und die körperliche Bewegung verschmolzen in „Your Own Thing" zu einer Einheit, und Don Johnson lieh dieser Kunstform seine Talente.

Nach zwei Wochen Unterricht und Training war Don ein kleiner Theaterstar in San Francisco. Es war schier unglaublich!

Vielleicht hat ihn dieses überschäumende Gefühl, es nun bis zum Olymp geschafft zu haben, dazu veranlaßt, zum erstenmal zu heiraten. Seine Auserwählte war eine Tänzerin in einem Tour-Kabarett; beide glaubten, gemeinsam die Theaterszene aus den Angeln heben zu können. Zwei Monate später ließen

sie sich wieder scheiden. Wie Don Johnson später erkannte: „Es scheint ein Gesetz zu geben, gewisse Entscheidungen nicht zu früh zu treffen – ich brach damals das Gesetz, heiratete in einem völlig unreifen Alter und mußte dafür bezahlen."

Doch der Erfolg bot genug Dope für Don Johnsons Energien. Er wollte unter allen Umständen oben bleiben. Und er wußte ganz genau, daß er für dieses Ziel arbeiten mußte. Denn das Problem von Newcomern ist weniger, eine Rolle zu bekommen, als vielmehr, sich zu behaupten. Schon viele sind nach einem ersten großen Auftritt abgestürzt. Da Don dies wußte – viele gleichaltrige Talente lebten es ihm vor –, nahm er jede Chance wahr.

Und er hatte Glück. Der Hollywood-Schauspieler und Regisseur Sal Mineo, der neben James Dean in ...**denn sie wissen nicht, was sie tun** (Rebel Without a Cause, 1955) gespielt hatte, sah ihn in „Your Own Thing". Und engagierte ihn für seine Theaterarbeit in Los Angeles. In dem Stück „Fortune and Men's Eyes" am Coronet Theatre in L. A. erhielt Don

Johnson nun die Gelegenheit, seine Talente weiterzuentwickeln.

Das Stück von John Herbert spielt im Zuchthausmilieu und stellt eine leidenschaftliche Anklage gegen das System der gewalttätigen Bestrafung dar. Der Regisseur Sal Mineo – er spielte selbst einen Gefängnisinsassen – bemühte sich um eine realistische Darstellung des sadomasochistischen Klimas im nordamerikanischen Strafvollzug. Schockierende homosexuelle Szenen wurden dabei nicht ausgeblendet. Wenn man anklagen will, dann muß man sein Material ausbreiten.

Für Don Johnson in der Rolle des Smitty bedeutete dies, sich in einer Szene sexuell mißbrauchen zu lassen – ein Balanceakt für einen jungen Schauspieler, der gerade am Anfang seiner Karriere steht. Denn bezeichnenderweise bleiben solche Rollen im Gedächtnis von Kritik und Zuschauermeinung länger haften als die Darstellung des Hamlet.

Nach der Premiere Anfang 1969, bei der die intellektuelle Prominenz von Los Angeles und Hollywood anwesend war, hagelte es

Unbeschwert genoß Don Johnson am Ende der sechziger und zu Beginn der siebziger Jahre das Zeitalter der Blumenkinder.

: **Stanley Sweetheart** :

positive Kritiken. Auch Don Johnson kam über-
aus gut weg. Seine feminine Erscheinung, der
Zauber seiner sinnlichen Unschuld hatte sich
als Kontrast zu den rüden Vorgängen auf der
Bühne besonders eingeprägt. Die Zeitung
DAILY VARIETY sprach bereits von einer „beein-
druckenden Charakterstudie eines ausge-
zeichneten Schauspielers"; und der HERALD
DISPATCH sah eine „für einen jungen Schauspieler bemerkenswerte Einsicht und Reife der
Darstellung".

Vor allem lobten die Kritiker, mit welchem
Feingefühl Johnson zwischen Naivität und
der Verdorbenheit der Bühnenvorgänge ver-
mittelt hatte. Woher nahm Don seine Reife,
immerhin war er zum Zeitpunkt der Auf-
führung nicht einmal zwanzig Jahre alt? Vielleicht lag die Kraft dazu in seinem pivaten Lebensstil, der von freiem Hedonismus geprägt
war. Dies bedeutete nämlich, seine eigene
Haltung zum Leben ständig zu überprüfen
und Verantwortung dafür zu übernehmen.
Ein Junge wie Don Johnson versteckte sich
nicht hinter allgemeinen Normen und ver-
ordneter Moral.

Man könnte es auch so ausdrücken: Don
hatte „das ausgeflippteste Libidomuster von
allen" – so stellte er es selbst in einem Interview
dar. Eine solche Befindlichkeit mag sexuelle
Toleranz, moralische Kompetenz und frei-

heitliches Handeln bewirken. Oder auch zum
Untergang führen. Entscheidend ist die
persönliche Reife.

Don Johnson wurde mit seiner Rolle des
Smitty so etwas wie ein Kultstar unter Ho-
mosexuellen. Man munkelte auch von einer
Verbindung mit dem schwulen Sal Mineo,
den Don, wie er verlauten ließ, für „ein
bisexuelles Rätsel" und für einen „Gentleman"
hielt, der zwar besessen von ihm, Don, sei,
aber gleichzeitig seine Unabhängigkeit
respektiere.

Gerüchte, Don sei selber bisexuell, brei-
teten sich aus. Er selbst hielt sich jedoch für
„hoffnungslos heterosexuell". Wie auch immer: Der Nachwuchsstar profitierte davon.
Mit seiner körperlichen Attraktivität, seinem
strahlenden Lächeln und seiner androgynen
Ausstrahlung – die in der narzißtischen Rock-
kultur jener Zeit nur noch ein David Bowie
gleichermaßen besaß – wurde er schnell zum
Inbegriff der sinnlich schillernden Jugendrevolte. Durchlässig für jede erotische Projekti-
on seiner langsam anwachsenden Fange-
meinde, übernahm er die Rolle ihrer Muse
und arrangierte mit seinem Auftreten ihre Vibrationen. Seine Intelligenz und seine profes-
sionelle Cleverneß machten jede seiner Selbstdarstellungen zu einer Botschaft. Allein durch
seine männliche Attraktivität wurde Don zum

verführerischen Gegenentwurf einer Alltagswelt und Alltagskultur aus Mittelmaß und Langeweile. Durch seine Erscheinung auf der Bühne sprach er sowohl das Minderwertigkeitsgefühl seiner Fans als auch ihre Ausbruchshoffnungen an. Auf eine bestimmte In-Szene übte Don Johnson die Wirkung eines Dopings aus. Er, der sich vor Drogen nicht scheute, wurde selbst zum Trip.

Don Johnson vermochte es jedoch, seinen Auftritt und die Reaktionen des Publikums darauf auszubalancieren. Er blieb vorerst kritisch genug, sich von der Welle der Sympathie nicht wegspülen zu lassen. Es ging allein um seine Karriere, das wußte er. Und daß nach dem ersten Erfolg auf der Theaterbühne nun der Film an ihn herantrat, das hielt er nur für zwangsläufig. ●

m Rückblick hat es Johnson allerdings immer für eine falsche Entscheidung gehalten, der Bühne zu diesem Zeitpunkt Lebewohl gesagt zu haben. Aber das Angebot klang verlockend: „Der geplante Film schien eine Bombe zu sein! Und ich wollte unbedingt zum Film! Ich wollte überall dabei sein! Bisher war ich nur in Stücken aufgetreten, und nun sollte ich die Hauptrolle in einem großen Film der Major-Compagnie MGM spielen! Die Entscheidung erschien leicht."

Und weiter sagte er später, im Jahr 1985: „Ich wollte nie ein Sexsymbol sein, nie ein Teenie-Idol – und so hat mich die Öffentlichkeit auch nie gesehen. Erst seit ich in **Miami Vice** zu sehen bin, behauptet alle Welt, ich sei der erotischste Mann des Fernsehens. Ich kann damit leben, weiß aber, daß ich nicht das Sexsymbol des Jahrhunderts bin – weiß Gott nicht!"

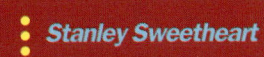
Stanley Sweetheart

te sich in Hollywood aus und besaß ein Gespür für Zeitthemen. Der Film, um den es ihm ging, sollte **Stanley Sweetheart** (The Magic Garden of Stanley Sweetheart, 1970) heißen und im Milieu jüngerer Semester der Columbia-Universität spielen. Also eine Sex-and-Drugs-and-Rock'n'Roll-Geschichte im Zug der Zeit. Don war Feuer und Flamme.

Das traf auch auf den Regisseur Leonard Horn zu, der den Nachwuchsschauspieler un-

Vor der Kamera

Wie auch immer: Der Produzent Martin Poll hatte den hoffnungsvollen Jungdarsteller mit dem begeisternden Sex-Appeal damals, im Jahr 1969, auf der Bühne gesehen und war beeindruckt. Poll hatte unter anderem für Sidney Lumet **Ein Hauch von Sinnlichkeit** (The Appointment, 1968) produziert, kann-

ter hundert Bewerbern, die vorsprachen, für den besten Darsteller des Stanley Sweetheart hielt. Als die Crew zusammen war, zog man 1969 nach New York um, um hier das Drama der nordamerikanischen Großstadtgesellschaft und ihrer jugendlichen Opfer im Zeitalter der Drogen zu inszenieren.

In seinem ersten großen Kinofilm *Stanley Sweetheart*, spielte Don Johnson weitgehend sich selbst – fasziniert von Sex, Drugs und Rock'n'Roll.

Don Johnson konnte sich weitgehend selbst spielen. Wenn es um die sexuellen Wunschvorstellungen eines Collegeboys ging, der im libertären Hippiemilieu seinen Platz im Leben sucht und nicht findet, hatte er mitzureden. Nur sein persönlicher Erfolg auf der Bühne trennte ihn von jenem Stanley Sweetheart. Kaum mehr.

Doch der „magische Garten", in dem der Film spielte, entpuppte sich bald als Ödland. Der Film protzte zwar mit freizügigen Szenen, besaß jedoch wenig wirkliche Inspiration. Bereits die Drehbuchvorlage, ein Romanfragment von Robert Westerbrook, war nicht frei von Gefühlsbombast und unklaren Stellungnahmen, und der Film glättete nicht, sondern verstärkte die Verwirrung. Mit der Dramaturgie eines LSD-Trips schlitterte er in die Unverständlichkeit.

Pleiten, Pech und Pannen bei den Dreh-

arbeiten taten ihr übriges. Don Johnson erlitt einen Motorradunfall, weil er einen Stuntman ablehnte, und kam mit äußeren und wohl auch seelischen Blessuren an den Drehort zurück. Insider streuten das Gerücht, es handele sich um einen Pornofilm, worauf die Promotionmanager den Vertrag mit der Filmproduktion kündigten. Das ganze Unternehmen stand unter einem schlechten Stern.

Die Kritik verriß das Werk, das Publikum blieb der Kasse fern. **Stanley Sweetheart** floppte, und die große Produktionsfirma Metro Goldwyn Mayer kündigte hastig den Beschäftigungsvertrag auf Probe mit ihrem Jungstar Don Johnson, der doch nichts für die Pleite konnte.

Der hoffnungsvolle Schauspieler war damit erst einmal auf dem Boden der schlechten Tatsachen gelandet. Seine Blitzkarriere schien vorerst beendet zu sein. ●

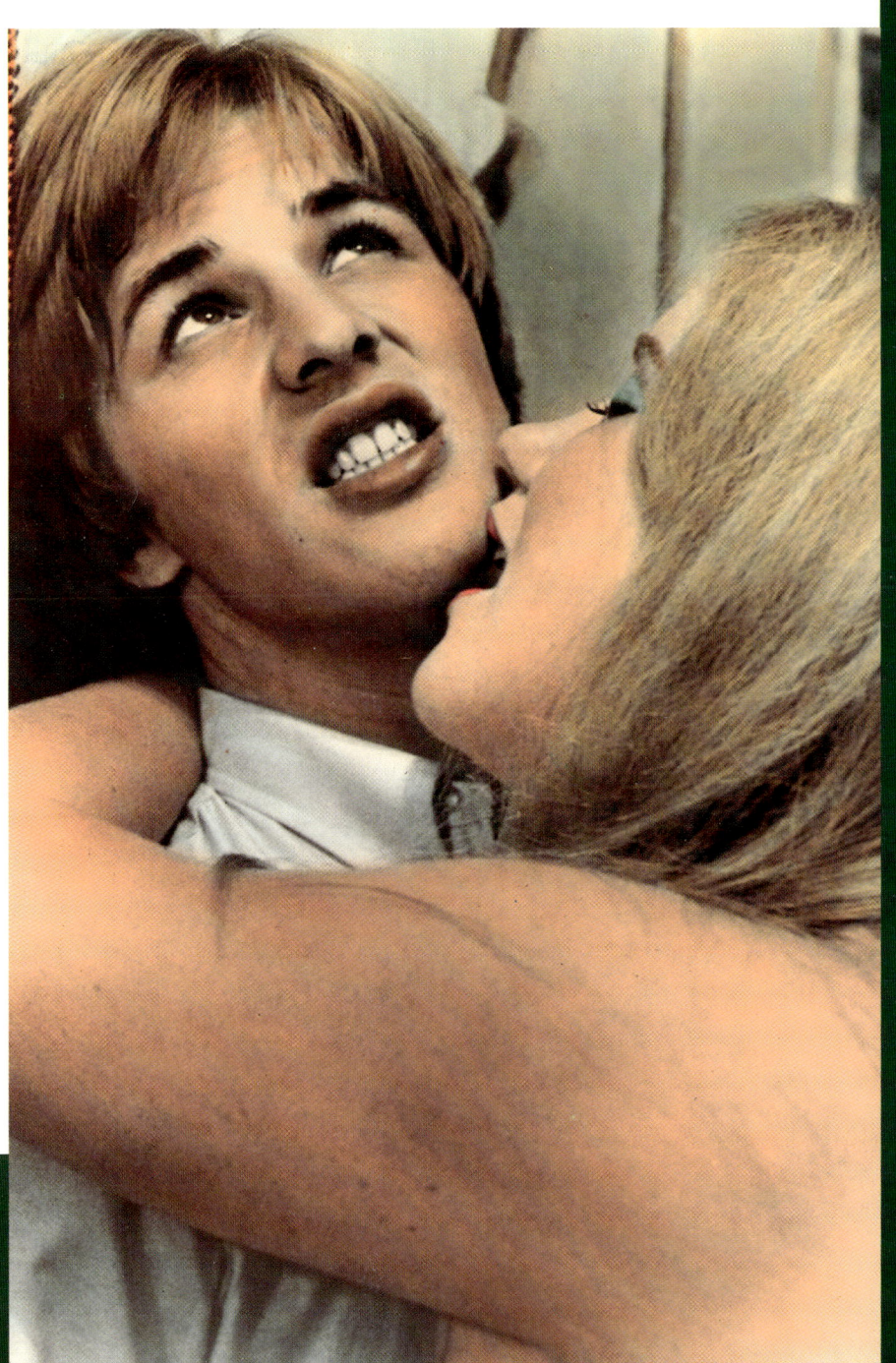

Don Johnson als Collegeboy
Stanley Sweetheart im Hippiemilieu – Verführer und Verführ-
ter zugleich. Die Kritik sah in
dem Film pornographische Ten-
denzen und verriß ihn. Für Don
kein guter Karrierestart …

Etwas Gutes hatte der Filmflop jedoch auf jeden Fall. Don Johnson lernte während der Dreharbeiten in New York die legendäre Film-„Factory" des Avantgarde-Künstlers Andy Warhol kennen. Jene kreative Künstlerkommune, in der Stars wie Joe Dallesandro, Baby Jane Holzer, Gerard Malanga, Candy Darling, Nico, Viva und Rotten-Rita lebten und arbeiteten. Die „Factory"

moralische Stellungnahme verlangten. Um den Popcharakter des amerikanischen Lebens zu entlarven – so wie ihn jedenfalls Warhol diagnostizierte –, nahmen sie einen reinen Beobachtungsposten ein. Verschanzt hinter seiner Kamera, die nur ausspucken sollte, was sie gesehen hatte, beobachtete Warhol seit 1963 Schlafende, Küssende, Bananenesser, Raucher, ein Hotelleben und das Empire State Building. Je länger, desto schöner. Das war neu, amerikanisch, „hip", „loving"!

Don, Andy und die „Factory"

war in den späten sechziger Jahren ungeheuer populär. Ihre Selbstdarstellungen galten bereits als Kunst. In Filmen wie **Chelsea Girls** (1966) porträtierte Andy Warhol, der Popartist, seine Kommune, mit der er in der East 47th Street in New York zusammenlebte.

Wie Pop-art überhaupt war auch Warhols Welt damals als ein monumentaler Scherz konzipiert, mit sexuell amphibischen Anstrichen. Plastik, Glimmer und Konsumramsch gegen die Tiefgang-Sehnsüchte des bürgerlichen Geistes – so lautete das Programm des exzentrischen Künstlers. Vor allem seine Filme, die sich mit sexuellen Vergnügungen befaßten, provozierten dadurch, daß sie keine

Warhol wurde mit seiner Masche zum Hynotiseur des Kinos. In seinen einfachen Plots kreist das äußere Geschehen um wenige Motive: Sex, Drogen, Kunst, Kommerz, Lebensräume. Das Schneckentempo, in dem die Handlung kriecht, die Wiederholungen manipulieren die Zeit auf der Leinwand und hatten eine bewußtseinserweiternde Wirkung. Ausdauertests als Unterhaltung schlugen an einem gewissen Punkt in eine psychedelische Erfahrung um, wie auch Don Johnson sie kannte: ereignisreiche Leere. Warhols Filme der sechziger Jahre waren Drogenfilme und wurden so zu Kultfilmen.

Das hätte nach der Erwartung von Don

Johnson auch **Stanley Sweetheart** sein sollen, aber dahinter stand kein Konzept à la Warhol. Sein Konzept lautete: In einer Medienwelt, die sämtliche Ungeheuerlichkeiten des Globus durch Ausgewogenheit verfälscht, kann nur das bewußt Künstliche der Pop-art, der Bluff eines Warhol wirklich echt wirken.

Don Johnson, den zu diesem Zeitpunkt weniger die ästhetische Ummantelung der Pop-art als vielmehr die erotische Vielfalt in der „Factory"–Kommune interessierte, lernte hier die siebzehnjährige Patti D'Arbanville kennen. Später würde er mit ihr zusammenziehen, und dreizehn Jahre danach gebar sie ihm den Sohn Jesse, doch vorerst führten ihre gemeinsamen Interessen noch nicht zu einer Verbindung. Patti hatte gerade nackt für Andy posiert, und Don war davon nach genauem Augenschein sehr angetan. Er interessierte Patti für sich – das war der zweite Vorteil, den er zunächst aus seiner in den Sand gesetzten Rolle des Stanley Sweetheart zog. ●

D on Johnson ging vom kalten New York ins sonnige Kalifornien zurück. Er hatte nicht die Absicht, sich an der Ostküste zu erkälten beziehungsweise dort zu arbeiten. Irgendwie lag ihm L. A. Hier kam es ihm als energiegeladenem, hübschem und talentiertem Schauspieler weniger schwer vor, Karriere zu machen. Und schließlich war er das, was er selbst ein „großes, großes Partytier" nannte. Er brauchte das verrückte, vergnügungssüchtige, verkiffte Leben der Westküste.

Johnson verließ New York mit dem Gefühl, zwar Geld verdient, aber in seiner Karriere einen Rückschlag erlitten zu haben. Und er beabsichtigte, dies mit einem noch wilderen Leben auf öffentlichen Partys zu kompensieren, die seinen an der Westküste unangetasteten Ruf eines Sexsymbols noch steigerten.

Er stürzte sich in neue Affären, dachte sehnsüchtig an Patti D'Arbanville – und schlief mit anderen hübschen Mädchen. Man schätz

Aussehens. Die Frauen wegen seiner Liebhaber-Allüren. Die Männer wegen seiner Publicity. Und er kultivierte seinen Ruhm als Leader der hedonistischen Emanzipationsbewegung an der Westküste, denn er brachte zu jener Zeit einen Hauch von Hippierevolution in die snobistischen Hollywooder Cocktailpartys.

Darüber hinaus galt er in der Traumfabrik noch immer als hoffnungsvoller Nachwuchsstar. Man suchte Rollen für ihn – und fand sie. Denn ein solch glamouröses Potential, solch glänzendes Futter für Kameras läßt man in Hollywood auf Dauer nicht brachliegen.

Der Film, der ihn wieder auf die Leinwand zurückbrachte, wenn auch nicht in einer Hauptrolle, hieß **Zachariah** (1971). Der Streifen sollte für den Fernsehsender ABC gedreht werden und konnte später von der Centfox fürs Kino vertrieben werden. Er erzählt die Geschichte eines Countrysängers, der sich auf die Suche nach den alten Mythen des Wilden Westens begibt; zahlreiche Rock- und Popstars würzten das Geschehen, zum Beispiel der Jazzdrummer Elvin Jones, Doug Kershaw, Joe Walsh und vor allem Country Joe, der als Bar-

Leben in Hollywood-Babylon

te ihn in Hollywood und Santa Monica wegen seiner immerwährenden guten Laune, seines Charmes – und seines guten Benehmens. Denn der Sex-Maniac wußte, wie man in der Glitzerwelt des Films ankommt.

Alle waren von Don beeindruckt. Die Mädchen wegen seines Rauschgoldengel-

de und engagierter Vietnamkriegsgegner in Woodstock beeindruckt hatte.

Das Lichtspiel, als eine Art „elektrischer Western" getarnt, parodierte das Genre im Stil der Zeit mit viel Musik und Situationskomik, liberalen Ansichten und einer Verspottung martialischer Männlichkeitswerte.

„Wir waren damals alle zusammen unten in Mexiko", erinnerte sich Don Johnson später an die Dreharbeiten, „hatten eine verdammt gute Zeit, machten pausenlos Musik, rauchten Shit, und ich bekam das Gefühl, daß meine ganze Vergangenheit sich zusammenzog zu dieser Tatsache: hier zu sein und zu spielen. Und ich begriff in diesem Moment auch, welche Rolle Musik für mich spielte. Zurück in L. A., kaufte ich mir am Hollywood Boulevard eine Kronengitarre für zwanzig Dollar und brachte mir das Spielen bei. Ich brauchte nicht lange, um zu merken, daß ich nicht Eric Clapton war – aber Musizieren wurde für mich seitdem zu einer Art Therapie zwischen zwei Fimrollen. Ich war kein Virtuose, aber ich konnte spielen."

So unterhaltsam die Dreharbeiten von **Zachariah** auch verliefen, das Resultat war mager. Don Johnson nahm sich zwar an der Seite von John Rubinstein, der den Titelhelden spielte, und Pat Quinn gut aus, aber erneut mußte er feststellen, daß zwischen Anspruch und Wirklichkeit oft ein Abgrund klafft. Regisseur George Englund schaffte es nicht, dem Film Leben einzuhauchen; die Handlung wirkt unfreiwillig komisch, nichts hält die Episoden zusammen. Steven H. Scheuer verurteilte in Movies on TV später die "Gleichgültigkeit", die die Filmhandlung, trotz guter Ansätze, ruiniere.

Don Johnson war entsetzt. War er wirklich so naiv, daß er ein gutes Filmprojekt nicht von einem schlechten unterscheiden konnte? Er beschloß, bei weiteren Engagements die Voraussetzungen kritischer zu überprüfen und nach Möglichkeit bei der Gestaltung mitzureden. Das war für einen Youngster nicht einfach – aber nichts ist unmöglich.

Vor allem erschien dieses Vorhaben als dringend notwendig, wenn sich Johnson seine Karriere nicht frühzeitig ruinieren wollte.

Objektiv gesehen, war der Farmerssohn aus dem Mittelwesten natürlich auf dem Weg nach oben, und man konnte von ihm nicht erwarten, daß er in dieser Situation Rollen ablehnte. Im Gegenteil lag ihm daran, Rollen zu baggern. In seinem Glücksgefühl, in Hollywood Fuß gefaßt zu haben, übersah er anfangs oft, daß die Rollen, die er spielte, seiner Laufbahn auch schaden konnten – falls sie ihn auf ein bestimmtes Image festlegten. Beispielsweise auf das des hübschen Jungen mit dem Strahlemann-Lächeln und dem knackigen Hintern.

Ein anderer Grund für die Desorientierung, die die Zeit der ersten Filmaufgaben die-ses begabten, frühreifen Jungen kennzeichnete, lag im Milieu, in dem er agierte. Zwar war er nicht der Schludrian und Freak, als der er bei gewissen konservativen Kritikern in Hollywoods Klatschspalten verschrien war, aber dennoch schwamm er in der alternativen Jugendkultur mit. Er genoß es, „hip" und high zu sein. Er liebte die Tendenz zum Unisex in einer Ära, die ihren Mitgliedern die freie Auswahl bei den Sexpartnern ließ und die Geschlechter äußerlich und innerlich einander annäherte. Er praktizierte die süße, leichtsinnige Seite der Werterevolution, die die ganze westliche Welt erfaßt hatte.

Und er besaß weder einen Agenten, der ihm riet, noch erfahrene Schauspielprofis als Freunde, die ihm Ratschläge hätten geben können. Don Johnson schien sein eigener Herr zu sein – mit allen Gefahren, die das in einer Zeit der Promiskuität und der Kiffermentalität sowie des Aufeinanderprallens verschiedener Wertesysteme bedeutet.

Die Woodstock-Generation – benannt nach dem legendären Rockfestival mit 400 000 Besuchern, das im August 1969 im Sullivan County des Staates New York stattfand – lebte insgesamt bereits mit Musik, Motorrad und Marihuana die psychedelische Alternative zur alten Gesellschaft – und in Hollywood damit auch die Alternative zum Studiosystem alter Ordnung, das einen Schauspieler noch lenkte, kommandierte und förderte. **Easy Rider** von Peter Fonda und Dennis Hopper war im Jahr 1969 der erste Film, der mit dieser ausgeflippten Generation und ihren pazifistischen Idealen wirklich gemeinsame Sache machte. Und er war auch der erste Film, der die Rockmusik als Sprache, in der man sich ausdrücken konnte, konsequent ernst nahm. Dagegen hatten die Versuche, den Rock'n'Roll der fünfziger Jahre in den Film zu bringen, eher oberflächlich und allein von Geschäftsinteressen bestimmt gewirkt. Heute gehören Straßenfilme mit rockigem Soundtrack längst zum Kinoalltag; 1969 noch nicht. **Easy Rider** donnerte allen nachfolgenden Rockfilm-Sessions als erster Film voran.

Was an diesem Film, der die Hippiekultur der sechziger Jahre ausdrückt, bestach, war seine Milieugenauigkeit, die heute seine archäologische Qualität ausmacht. Er bewahrt noch immer die Überreste der Jugendkultur aus den sechziger Jahren auf, in der sich auch Don Johnson bewegte und die heute wie eine versunkene Legende wirkt.

Ohne diesen Film und die Kenntnis der Hippiekultur ist auch Don Johnsons Geistes-

Don Johnson als Matthew in
Zachariah, zusammen mit dem
schwarzen Jazzschlagzeuger
Elvin Jones als Cain und John
Rubinstein als Zachariah.

haltung, wie sie damals bestand, kaum verständlich.

Der Film besaß eine ungeheure Wirkung, der sich niemand in Hollywood entziehen konnte. Er löste sofort eine Nachahmungswelle aus, melancholische Abgesänge auf die traditionelle Gesellschaft, auf „plastic-people", Wehrdienst und auf Betonstädte. Mit Schlapphüten, Trapper- und Indianerkleidung, Ketten aus Bärenzähnen und Blumen im Revers fuhren die Freaks mit dem Flower-Power-Programm im Herzen auf leichten, gutgefederten Motorrädern über das silberne Band der Highways. Subkultur und Motorkult begegneten einander. Die Reisen, die die Antihelden im Kino Ende der sechziger und Anfang der siebziger Jahre unternahmen, glichen oft einem Trip durch Raum und Zeit, wie unter einer bewußtseinserweiternden Droge.

Die Freiheitssuche der Flower-Power-Generation, zu der sich Don Johnson zählte, war radikaler als jemals bei einer nordamerikanischen Generation. Sie stellte nicht nur die Familie oder die Straßenverkehrsregeln in Frage, sondern die gesamte westliche Zivilisation. Daß in einer solch elektrisierenden Epoche nicht unbedingt die geradlinige Karriere eines Schauspielers interessierte, ist sonnenklar.

Umwege waren angesagt, und Don Johnson nahm sie allesamt. Verstrickt in den illusorischen, aber grandiosen Traum, eine neue, friedliche, sinnliche Gesellschaft aufbauen zu können, unterlief den aufbrechenden Zeitgenossen mehr als eine Selbsttäuschung. Don Johnson bildete da keine Ausnahme. Er nahm an, sich ziellos und endlos verschwenden zu können, und begriff nicht, daß in Hollywood bereits eine schwarze Liste existierte, auf der seine Entgleisungen verzeichnet waren.

Denn das konservative Hollywood existierte weiter, und die friedliche Jugendkultur löste sich in den siebziger Jahren in einem Meer von Gewalt, Drogen, Einzelkarrieren und Machtpolitik auf. Übrig blieb unter anderem eine Filmindustrie, die Kasse machen wollte.

Bevor es soweit war, konnte Don Johnson noch mit seinen Pfunden wuchern. Er setzte weiter auf sein libertäres Image des knackigen Jungen, der bei Männchen und Weibchen ankommt, und ließ sich für weitere Rollen engagieren. ●

Don und Melanie

Sein nächster Kinofilm hieß **The Harrad Experiment** (1973). Wieder ging es um die Thematik Sex, Freiheit, Drogen im Campusmilieu. Nach einer Vorlage von Robert Rimmer, der sante Weise – wie die Kritiker vermerkten.

Während der Dreharbeiten lernte Don Melanie, die knapp fünfzehnjährige Tochter von Tippi Hedren und dem Grundstücksmakler Peter Griffith, kennen, die nach einer erneuten Heirat ihrer Mutter mit vier Stiefgeschwistern aufgewachsen war. Und da Melanie ih-

Melanie und andere Frauen

viel vom großen Henry Miller gelernt hatte, erzählt der Film von einem neuen Lehrfach am College: Liebeskunst und Leidenschaft anstelle von Physik und Pharmakologie.

An der Seite des altgedienten James Whitmore – der einst James Dean unterrichtet hatte – und von Tippi Hedren – die unter anderem in Alfred Hitchcocks **Die Vögel** (The Birds, 1963) geglänzt hatte – spielte Don Johnson einen jungen, unreifen, sexhungrigen Studenten, der in die Geheimnisse der Erotik eingeführt wird. Die Rolle war ergiebig, und Johnson löste die Aufgabe auf interes- re Mutter im Stil von pubertierenden Teenagern ärgern wollte, machte sie sich an Don heran – den Tippi wegen seiner Hippiemanieren nicht besonders mochte.

Aus dem Spiel wurde mehr. Die intelligente, verwöhnte und hübsche Melanie hatte beschlossen, ihrer Jungfernschaft ein Ende zu setzen. Und sie erkor Don Johnson aus, dafür zuständig zu sein. Don fühlte sich geschmeichelt und erfüllte seine Pflicht und Schuldigkeit. Besser er als sonst jemand. Doch wie es manchmal in der Natur des Sex liegt, wurde daraus ein tiefes Gefühl. Bald sah man die beiden Hand in Hand in der Öffentlichkeit – der Beginn einer wunderbaren Freundschaft.

„Melanie war ungewöhnlich frühreif und altklug", erinnerte sich Don Johnson später schmunzelnd. „Sie hatte sich in den Kopf gesetzt, mich zu verfolgen. Und sie kriegte mich. Ich war damals ihr allererster Freund, irgendwie schmeichelte mir das. Aber anfänglich war es wirklich nicht romantisch, ich war nicht verliebt in sie, und ich hatte den Eindruck, Melanie benutze mich als eine Art Testperson. Aber zwischen uns war dennoch alles wahrhaftig und ehrenhaft, und mit der Zeit wurde unsere Beziehung zu einer echten Liebe – ich hatte begriffen, wer Melanie wirklich war."

Dennoch blieb Melanie vorerst bei ihrer Mutter und den geliebten Tigern, Löwen und Leoparden auf einer 32 Morgen großen Farm in der Nähe von Hollywood (die Fernsehserie **Roar** wurde dort gedreht), während der damals 22jährige Don nicht aus seiner Partyhöhle in den Hollywood Hills herauszukriegen war. Aber die beiden machten Pläne für ein Zusammenleben und trafen sich, so oft es ging. „Eines Morgens", erinnerte sich Don, „rief Melanie mich an und sagte: ‚He, ich habe mit Mutter geredet, und sie will jetzt mit dir alles besprechen!' Ich dachte: Gott, jetzt geht's los. Und Tippi, ihre Mutter, meldete sich und sagte: ‚Hi, Don, ich glaube, es wird wunderbar sein mit euch!' Ich glaube, sie war doch irgendwie erleichtert, daß ich es war, den Melanie sich für ihre erotische Taufe ausgesucht hatte, und nicht einer, mit dem es vielleicht eine Tragödie geworden wäre."

Die Bindung zwischen Don und Melanie festigte sich immer mehr, die beiden schienen unzertrennlich zu sein. Und 1974 zogen sie gemeinsam in den Laurel Canyon. Eine Hollywood-Romanze begann, deren Verfilmung einige Produzenten inzwischen schon ins Auge gefaßt haben.

Aber trotz dieser Perspektiven arbeitete Don nach wie vor an seinem Image als unwiderstehlicher Frauenheld. Er vergeudete sich weiter. Alle sollten sehen, was er zu bieten hatte.

Don Johnsons damalige Äußerungen über die Liebe, das Begehren, die Freiheit der Lust ließen darauf schließen, daß es für ihn noch etwas anderes gab, als an Drehorten den Befehlen von Regisseuren zu gehorchen, denen das achte „take" mit dem Schauspieler noch immer nicht gefiel. Und die Medien wollten von Don sowieso vor allem seine Stellungnahme zum Sex und nicht zur Schauspielerei einholen.

Seine Antworten gefielen den meisten Journalisten. Und wenn man sie heute nachliest, fällt einem die Ehrlichkeit, Klarheit und Sauberkeit auf, mit der Don Johnson über heikle sexuelle und erotische Themen sprach und urteilte. Da gab es nichts Schmuddeliges und Halbherziges – echte Gefühle und ein echtes Bekenntnis zu dem, was man will und tut, das war die Maxime des Schauspielers.

Vor allem seine Haltung zu den Frauen interessierte die Medien. Auch in dieser Hinsicht blieb Johnson ehrlich. „Ich liebe Frauen über alles", sagte er, „ich liebe alles an ihnen. Es geht dabei nicht um blondes oder braunes Haar, um lange oder kurze Beine, um große oder kleine Brüste – es ist alles zusammen. Ich versuche immer noch herauszufinden, was eigentlich mein Frauentyp ist, aber ich finde bei nahezu allen Frauen etwas, das mich überwältigt. Vielleicht ist es einfach die Art, wie sie mit sich selbst umgehen, ihre Attitüde. Das Wichtigste scheint mir jedoch der Sinn für Humor zu sein. Wenn mich eine zum Lachen bringt – das ist es! Der Rest ist herstellbar."

Und wie lautete seine Antwort auf die Frage, warum er seinerseits für Frauen attraktiv ist?

„Wahrscheinlich deshalb, weil ich unterhaltsam bin. Oder sie denken, ich sei gefährlich – auf eine gefährliche Weise emotional."

Don Johnsons Karriere als Liebhaber stand, zum Glück für seine Fans, gleichrangig die Filmkarriere gegenüber. Sie entwickelte sich. Don Johnson war inzwischen längst vom Fernsehen entdeckt worden. Er erhielt kleine und größere Rollen in Filmen wie **Police Story, The Bold Ones, Young Dr. Kildare, Kung Fu oder Sarge.** Das waren keine Glanzlichter, aber er blieb präsent. Denn inzwischen war ihm klar geworden, daß ein einziger Anlauf nicht reichte, um an die Spitze zu springen, harte Arbeit war notwendig.

Die Besetzungsbüros sahen den jungen Schauspieler nun häufiger, er buhlte um Rollen. Der Alltag in Hollywood hatte angefangen. Den damit verbundenen Frust abzudämpfen, eignete sich seine Freundin Melanie gut. Aber Don drang auch darauf, daß die 1957 geborene Melanie, die gern faul zu Hause herumhing und für nichts Interesse aufbrachte, ihrerseits die Chancen erkannte, die sie in der Welt besaß. Noch heute ist Don Johnson davon überzeugt, damit den Anstoß für die Filmkarriere seiner Frau gegeben zu haben.

Gemeinsam zockelten sie also durch die Partys von Beverly Hills und die Besetzungs-

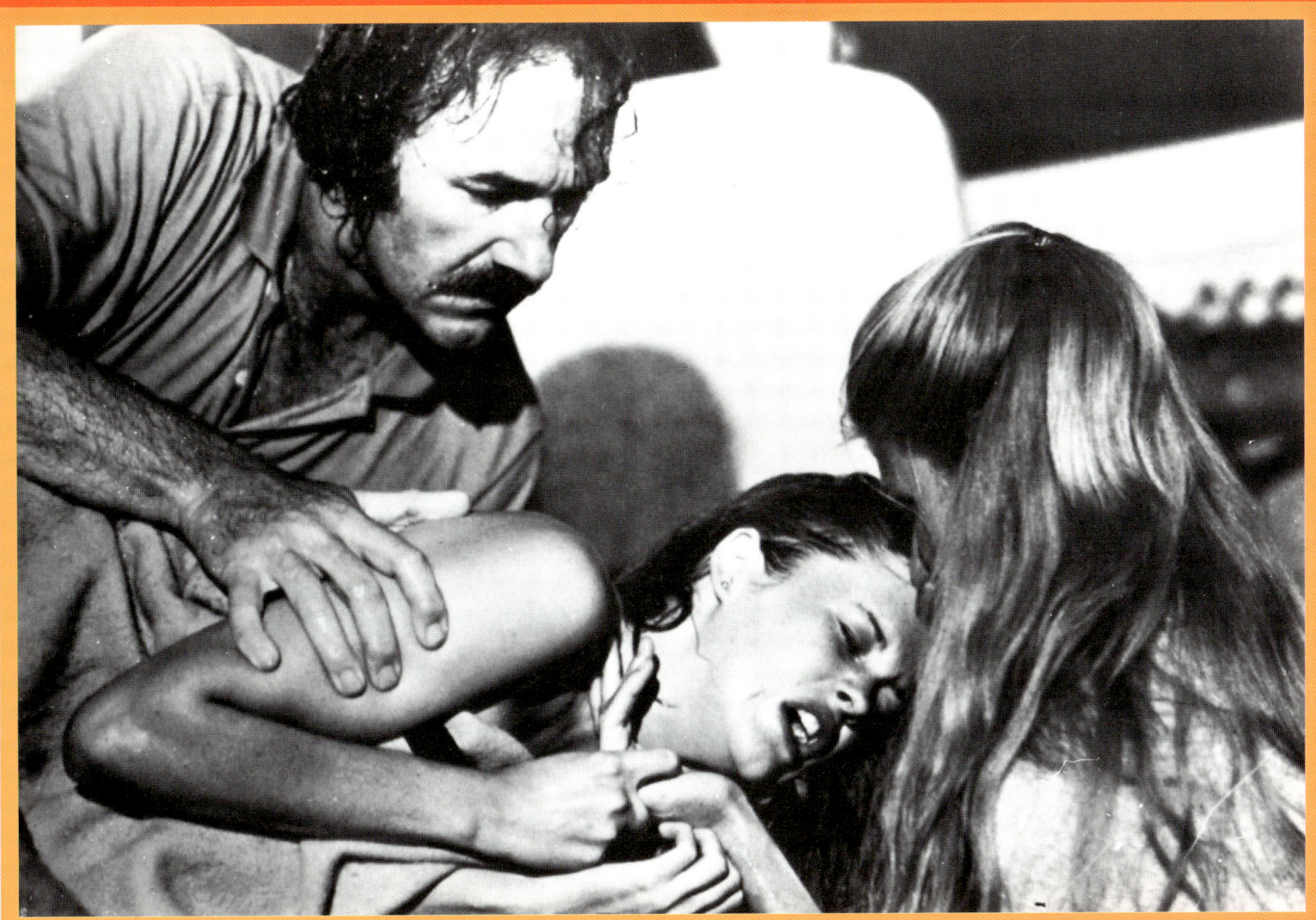

Melanie Griffith in ihrem Debütfilm *Die heiße Spur* (mit Gene Hackman). Das Szenenfoto dokumentiert ihre bereits sichtbare, von Don Johnson geförderte schauspielerische Begabung.

büros der Filmstudios. Ihr gemeinsamer Bekanntenkreis wuchs. In Hollywood waren Don und Melanie schon ein fester Begriff. Melanie, die, wie schon erwähnt, auf einer Farm mit Raubtieren aufwuchs, war einmal von einem Raubtierbiß im Gesicht schwer verletzt worden. Inzwischen hatte sie sich selbst in Hollywoods In-Szene festgebissen.

Don Johnson schien ihr idealer Begleiter zu sein, denn er hatte bereits die Filmerfahrung, die sie suchte. Und er konnte sie vorübergehend auf ihren Drogen- und Alkoholtrips begleiten, in die sie jahrelang versackte.

Don drängte sie immer stärker, ihre Energien in Filmarbeit zu investieren. Und tatsächlich schaffte es Melanie Griffith durch seine Mithilfe, in Arthur Penns **Die heiße Spur** (Night Moves, 1975) eine bedeutende Rolle zu ergattern. Damit kam ihre Kinokarriere in Gang.

Don Johnsons Karriere bewegte sich weiter über Kinofilme wie **Der Junge und sein Hund** (A Boy and his Dog, 1975), eine ironische Sexpersiflage im Science-fiction-Gewand über einen Jungen namens Vic, der mit seinem Hund Blood in der Zukunft landet und dort für impotente Männer aushelfen muß.

Der Film war ebenfalls, wie Dons Kinoversuche vorher, kein Glanzpunkt, auch wenn der Schauspieler später für seine Rolle als bester Darsteller des Jahres in einem SF-Film den „Scroll Award" verliehen bekam. Seine Karriere bewegte sich weiter – aber in welche Richtung?

Als kleiner Lichtblick erschien der Streifen **Wild Drivers** (1974), dessen Originaltitel **Return to Macon County** sich auf den Filmvorgänger **Macon County Line** (1974) bezog. Don spielte in diesem Debütfilm von Nick Nolte einen frischen Jungen, der im Jahr 1958 Nick alias Bo Hollinger unkompliziert auf einem Autotrip in einem 57er Chevy begleitet. Er wirkt als cooler Sunnyboy Harley wie ein Collegeboy, der auf einer Sause ist und die Welt für eine Party hält. Zur fetzigen Musik von diversen Rockgrößen hängt er locker im Chevy herum und lacht unverschämt jungenhaft. Es gab in diesem Lichtspiel immerhin keine Peinlichkeiten, und Don spielte so, als gäbe es für ihn in Hollywood keine schauspielerischen Probleme. Der Film wurde fürs Fernsehen gedreht, gelangte jedoch auch in Autokinos und erzielte als B-Movie sogar einen gewissen Erfolg. Don Johnsons erfrischendes Spiel hatte daran starken Anteil. ●

E r ist der Mechaniker, von Autos versteht er alles. Sein Kumpel Bo steuert den gelben, frisierten Flitzer, mit dem die beiden in **Wild Drivers** unterwegs sind. Wir schreiben Sommer 1958.

Harley McKay sieht aus wie der Collegeboy Jim Stark, den James Dean in ... **denn sie wissen nicht, was sie tun** einst spielte. Das Hemd hängt ihm aus den Jeans, der blaue Blouson paßt zu seinem braunen Jungenteint, er bewegt sich geschmeidig. Aber um die Augen sieht man schon kleine Falten – vielleicht

lacht er zuviel. Harley lacht tatsächlich beinahe ununterbrochen, er ist gut drauf, die Straße ist frei, das Land weit, aus dem Autoradio röhrt Rock'n'Roll, und Bo ist ein guter Kumpel. Worüber soll sich ein Collegeboy dann noch Sorgen machen?

Vielleicht über die Verkehrspolizei, die bereits mit heulenden Sirenen hinter dem schnellen Chevy her ist. Oder über die Unfallpartner auf der Landstraße, die auf gefährliche Weise nicht durchblicken. Aber egal, mit wirklich guter Laune sind auch diese Probleme kleine Fische. Harley McKay hängt sich aus dem Seitenfenster und läßt sich den Fahrtwind ins

Gesicht blasen. Macon County ist ein Land für „jokes" und das Leben für einen Studentenulk gut.

Und schon sitzt ihm eine junge Anhalterin auf dem Schoß, die partout nicht von ihm lassen will. Sein jungenhafter Charme scheint unwiderstehlich, einen so Hübschen hat es in der Provinz lange nicht gegeben. Das allerdings wäre Jim Stark nicht so ohne weiteres passiert. Harley knutscht eine Weile, lacht eine Weile, trinkt ein Bier, rockt eine Weile, lebt eine Weile weiter. Solange er auf der Straße unterwegs ist, scheint die Gesellschaft mit ihren Problemen weit weg und flüchtig wie die vor-

und Herumtreiber, der in keine Drei-Zimmer-Wohnung paßt und sich nicht für „geordnete" Familienverhältnisse eignet.

Johnson nutzt sein Image. Er grinst frech und läßt den Motor aufheulen. Dann trinkt er ein Bier, steckt sich eine Zigarette an oder zieht sich einen Joint rein. Der Alltag ist fern.

Auch bei einer Mutprobe mit Autos sitzt er so cool wie James Dean am Steuer, aber wenn er aussteigt, lastet auf seinen Schultern keine Melancholie, sondern lausbübische Frechheit blitzt aus seinen Augen. Und selbst dann, wenn er von einem Autorowdy zusammengeschlagen wird, grinst er noch mit

Harley McKay: Sonnyboy im Macon County

beiziehende Landschaft zu sein. Es gibt keine Alten, keine Arbeitsämter, keine Wohnungsprobleme, keine Geldsorgen – der Chevy mit seiner metallischen Außenhaut, der für eine Weile eine Herberge bietet, wirkt wie ein komplett eingerichteter „Oikos" (Lebensraum), in dem es an nichts mangelt.

Don Johnson sieht beim Abspulen dieses Programms brav und bieder aus. Sein dunkelbraunes, sehr kurzes Haar ist glatt gekämmt, sein glattes Gesicht ziert keine Bartstoppel, er blickt treuherzig und jungenhaft, aber gerade das scheint die Frauen anzuziehen. Seine Hauptattraktion heißt immer wieder: Lachen.

Über diesen Jungen in dieser Rolle – Don Johnson war zum Zeitpunkt der Dreharbeiten knapp 24 Jahre alt – läßt sich einiges sagen, was an seine frische, erfreuliche Erscheinung geknüpft ist. An seinem Spiel jedoch ist vor allem folgendes zu beschreiben: Er ist beweglich wie ein kleiner Bengel, fast feminin zu nennen, durch und durch vertrauenerweckend, man würde ihm seine kleine Schwester überlassen. Zwar ist diese Rollenfigur Harley McKay auf der Straße von Rennen zu Rennen unterwegs, also nicht gerade der Typ des durchschnittlich-soliden Steuerzahlers, aber gerade deshalb wirkt er nett. Im Menschenverständnis der frühen siebziger Jahre galten gerade noch die – in den fünfziger Jahren durch Typen wie James Dean vorbereiteten – Vorbilder der 68er- und der Hippiebewegung mit ihren neuen Idealen des Antispießertums. In diese Typage fällt Don Johnsons Harley, der sympathische Outsider

blutenden Lippen. Nein, dieser jugendliche Held nimmt das schwere Leben leicht, ihm kann keiner. Die Haltung des Skeptikers, der, verwirrt und verletzt, den Zyniker spielt, um eine gleichgültige Erwachsenenwelt zu attackieren, liegt ihm nicht. Die Erwachsenenwelt ist Harley egal, deshalb hat er den bitteren Ausdruck des Geschlagenen nicht nötig und braucht auch keine instabile Selbstbezogenheit wie Jimmy Dean, den er doch in manchen Bewegungen imitiert.

An einem weiteren Punkt gleicht Harley McKay seinem vielleicht unbewußt bleibenden Vorbild. In seiner gleich starken Wirkung auf Jungen und Mädchen wirkt er wie ein androgynes Wesen des Unisex. Irgendwie alterslos. Im Kopf Rock'n'Roll und vielleicht auch ein bißchen Zorn, nicht süchtig, aber mitten im hastigen Leben, vielleicht desorientiert, aber ständig geradeaus gerichtet, ein bißchen rebellisch, ein bißchen überspannt, ein bißchen zu aktiv. Harley McKay, ein Junge im Blouson, der niemandem gehört als sich selbst. Aber völlig unproblematisch in der Gruppe mit Freunden ist. Er wirkt echt.

Aber wir sehen doch: Don Johnson seinerzeit im Macon County. ●

Äußerst problematisch verlief zu dieser Zeit Dons Beziehung zu Melanie. Die beiden jungen und dem süßen Leben verhafteten Menschen stritten sich immer häufiger, ärgerten sich mit Seitensprüngen und trennten sich schließlich. Da dies jedoch auch keine Lösung bot, beschlossen sie kurzerhand, sich zu vermählen.

Don Johnson erzählte später: „Wir hatten uns geschlagene zwei Monate lang nicht gesehen. Eines Abends saß ich mit Margie Wallace, der früheren Miß Welt, beim Dinner. Anschließend gingen wir zu ihr und trennten uns um vier Uhr morgens, ich fuhr nach Hause – und rief Melanie an. Sie sagte, sie käme zu mir rüber. Als sie da war, sprachen wir über alles mögliche. Dann fragte ich sie: ‚Willst du mich heiraten?' Und sie antwortete: ‚Klar, möglichst gleich.' In der gleichen Nacht buchten wir einen Flug nach Vegas."

Sie ließen sich am Morgen in der Spielerstadt trauen, schworen sich ewige Treue,

fe Hollywoods und der Westküste. Er fühlte sich als Indianer – doch gib einer Rothaut niemals Feuerwasser! Sein Potkonsum stieg – er schätzte es, regelmäßig Marihuana zu rauchen und damit seine Sinneseindrücke zu intensivieren. Und warum nicht? Jeder Direktor eines Besetzungsbüros kiffte oder schnupfte oder trank seinerzeit in aller Öffentlichkeit. Nur Johnsons desolate finanzielle Situation verhinderte möglicherweise in jenen Jahren seinen völligen Absturz. Und langsam spürte er wohl auch, daß seine Drogenabhängigkeit seine schauspielerische Darstellung beeinträchtigte – weil sie seinen Kopf beschädigte. Er brauchte manchmal die halbe Woche, um sich von den Exzessen des Wochenendes zu erholen. Etwas Unstetes, Ungenaues liegt deshalb nicht zufällig über jenen Rollen, die Don Johnson Mitte der siebziger Jahre spielte.

Don Johnson war nicht der Mann, der sein Glück leichtfertig aufs Spiel setzen wollte. In Interviews jener Jahre widersprach er deshalb oft den Reportern, die ihn wegen seiner

Krisen und Abstürze

zogen erneut zusammen – und ließen sich nach fünf Monaten und sechzehn Tagen wieder scheiden. Das war der zweite Akt von insgesamt drei im Don-Johnson-Melanie-Griffith-Drama.

Don Johnsons Kinokarriere schien ebenfalls in einer Sackgasse zu stecken. Es kamen keine Angebote mehr aus der Traumfabrik. Offenbar nahm man den Mann mit dem Gigolo-charme, den schnoddrigen Manieren, dem Hippieweltbild, dem unkontrollierten Drogenkonsum und der laxen Einstellung zu Autoritäten nicht mehr ernst genug.

Don überspielte diesen Mißerfolg, in dem er noch mehr Drogen konsumierte, noch mehr Partys besuchte und noch mehr intime Affären einging. Vor allem sein Drogenkonsum erreichte in diesen schlechten Jahren geradezu selbstmörderische Ausmaße – obwohl er sich im Bereich der sozial „akzeptierten" Drogen hielt und zum Beispiel niemals Heroin nahm.

In Los Angeles gehörte es zum Lebensstil, zu kiffen, zu schnupfen, zu trinken. Und Don Johnson machte mit. In den siebziger Jahren galt er als einer der „führenden" Drogenköp-

Abhängigkeit geringschätzten. Für ihn hatten Drogen mit Spaß zu tun, und jetzt, wo es ernst wurde, fing er an, sich Gedanken zu machen.

Warum Drogen? Für Johnson bedeuteten sie, wie er der Zeitschrift ROLLING STONE erzählte, eine „Art Widerstand dagegen, erwachsen zu werden, eine Angst vor dem Erfolg, der dich für alle Zeit auf das festlegt, was du einst sein wolltest". Er verspürte also Angst davor, angekommen zu sein und keine Alternative mehr zu besitzen. „Starruhm nimmt dir deine Reife", fügte er kritisch hinzu, „und das wollte ich nicht. Drogen helfen bei der Illusion, du hättest noch alle Freiheit."

Im Jahr 1975 starb Don Johnsons Mutter an Lymphdrüsenkrebs. Er hatte sie, die in den letzten Jahren Alkoholikerin geworden war, bis zum letzten Moment mit Geld unterstützt, ihr Therapieplätze und die Versorgung in Sanatorien verschafft, war jedoch gescheitert. Ihr Tod verstärkte nur noch seinen Drogenkonsum und seine Trinkgewohnheiten.

Während viele Hollywood-Produzenten mit dem nervösen, launischen Star nicht mehr arbeiten wollten, blieb immerhin noch das Fernsehen, bei dem sich schließlich auch viel

Don Johnson und Melanie Griffith - eine Hollywood-Legende!

Geld verdienen ließ. Don Johnson konzentrierte sich auf seine TV-Karriere.

Im Jahr 1977 tauchte der gefährdete Schauspieler in dem TV-Film **Big Hawaii** auf und ein Jahr später in **Ski Lift to Death** – in beiden Fällen war das Beschäftigungstherapie, nicht mehr und nicht weniger. Die Kritiker merkten erst wieder auf, als Johnson von Joel Schumacher, der später amüsante Teenie-Filme drehte, für **Amateur Night at the Dixie Bar and Grill** engagiert wurde. Der Film, in dem Henry Gibson eine tragende Rolle verkörperte, flimmerte Anfang 1979 über die Mattscheiben und löste eine Welle der Begeisterung aus.

Das 104minütige engagierte Melodrama spielt in einem „Roadhouse", also einem Rasthaus an einer Verkehrsstraße, in der eine Nacht lang Amateure zu einem Nachwuchswettbewerb antreten, in der Hoffnung, für das Showgeschäft entdeckt zu werden. Als Hommage an Robert Altmans Kultfilm **Nashville** entworfen, der im Jahr 1975 ebenfalls mit Henry Gibson in einer der Hauptrollen Kritiker und Publikum gleichermaßen fasziniert hatte, gelang diesem TV-Film etwas Seltenes. Er ließ eine völlig eigene Handschrift erkennen – in der nordamerikanischen Fernseharbeit bis dahin fast unbekannt. Und in einem interessanten Ensemble junger Schauspieler beeindruckte Don Johnson als Cowboy, der im Roadhouse seine Talentproben gibt.

Nur wenige Zuschauer in Deutschland konnten diesen TV-Film bisher sehen, ein Verlust! Denn Don Johnson singt darin und beweist seine musikalischen Fähigkeiten.

Don Johnsons Karriere als Rockmusiker kam jedenfalls mit diesem Auftritt langsam in Gang. Er hatte bis dahin ein paar eher private öffentliche Gigs gehabt, auf Partys, Wohltätigkeitsveranstaltungen und so weiter. Da Don jedoch seine Gitarre bei Dreharbeiten immer bei sich hatte und leidenschaftlich gern darauf improvisierte und komponierte, blieb es nicht aus, daß er Aufmerksamkeit erregte. Seine Stimme war voll, bluesig, leicht angerauht oder auch samtig – je nach Songstimmung.Und er konnte Songs schreiben, die andere nachspielten. Beispielsweise die Allman Brothers, die im Jahr 1979 einige seiner Stücke auf ihrer LP „Enlightened Rogues" herausbrachten.

Damit war Johnson noch kein Komponist geworden, der die Rockszene revolutionierte. Aber er faßte Mut, in dieser Richtung weiterzuarbeiten – besser zwei Standbeine als eins.

Die Filmkarriere hatte Johnson noch nicht vergessen, aber Hollywood schien Ende der siebziger Jahre kein Interesse an seinem ehemaligen Shootingstar mehr zu haben.

Don Johnson versuchte deshalb, sich den Besetzungsstrategen der Fernsehsender dauerhaft einzuprägen. Und es gelang ihm, einige solide Rollen abzuliefern. So in dem vierstündigen Zweiteiler **The Rebels** (Die Rebellen), einem historischen Melodram auf der Basis eines Romans von John Jakes, in **From Here to Eternity** (Verdammt in alle Ewigkeit), dem großen James-Jones-Stoff, den Fred Zinnemann 1953 mit Starbesetzung erfolgreich fürs Kino verfilmt hatte und der nun als TV-Serie vermarktet wurde; oder auch in **Beulah Land**, einer großangelegten, melodramatischen und rührseligen Familienserie aus dem amerikanischen Bürgerkrieg.

In allen drei Rollen bescheinigte ihm die Kritik eine solide Leistung und positive Ausstrahlung, doch die Filme insgesamt wurden negativ bewertet. Historienschinken, in Serienhäppchen aufgeteilt, waren im US-Fernsehen zwar sehr beliebt, aber genau das verführte viele Macher dazu, schnell und oberflächlich zu arbeiten. Der Mißerfolg gab ihnen unrecht.

Im Jahr 1981 erhielt Don Johnson wieder ein Filmangebot. Er wirkte in der Komödie **Soggy Bottom USA** (1982) mit, die zur Zeit der Prohibition spielt und von der Suche nach illegalem Alkohol in einem Provinznest handelt. Ein Jahr später, 1982, nahm Don Johnson eine Filmrolle an, die ihm ein kanadischer Produzent angeboten hatte. In dem Streifen **Melanie**, einem Familiendrama um eine gescheiterte Ehe und ein hin und her geschobenes Kind, sollte er den unsympathischen Vater spielen. Johnson, in dieser Zeit nicht mit großen Rollen überfüttert und wenig wählerisch, nahm an. Der Film hielt sich zwar sehr respektabel, doch seine Rolle führte ihn nicht weiter. Don spielte Carl, einen wirklich bösen Buben. ●

Es dauert nicht lange, und er sitzt am Bettrand von Melanie. Wir sehen ihn nach einem Liebesabend mit seiner Exehefrau im Halbdunkel, sein Umriß hebt sich von der Nachttischlampe ab. Er raucht, trinkt und philosophiert mit rauchiger, whiskygetränkter Stimme. Eine für das Jahr, in dem dieser Film entstand, typische Johnson-Performance: der Mann als Liebhaber, Raucher, Trinker. Schlank und halbnackt auf irgendeiner Bettkante, mit glatter Haut und glatten Ansichten, smart, nett, sympathisch, unauffällig. Ein Sexsymbol aus Hollywood, aber aus der zweiten Reihe.

Die Frauen schmiegen sich an diesen Mann, aber er ist narzißtisch auf sich selbst bezogen – das hält ihn von übermäßiger Sensibilität für andere ab. Der Macho hat kein Verständnis für Frauen, die ihr Leben nicht meistern – so wie er es für richtig hält. Also greift er sich den gemeinsamen Sohn und entführt

Seine Rollenfigur Carl kommt seinem Äußeren allzusehr entgegen. Sie sonnt sich narzißtisch im eigenen Licht, bemüht, auch auf das Gegenüber abzustrahlen. Ein Schönling im blauen Hemd, dessen obere drei Knöpfe selbstverständlich offen sind, mit Halskette und wiegendem Gang, ein Angeber aus Unsicherheit, ein labiler Charakter, der zu selten über sich nachdenken mußte. Äußerlich und innerlich geglättet.

Wenn Don Johnson eine Rolle wie diese spielt, verbindet sich seine äußere Erscheinung nicht vorteilhaft mit dem Charakter der Filmfigur. Der Zuschauer ist gezwungen, beide zu identifizieren, zu deutlich scheint die Übereinstimmung. Ein Mann, der so attraktiv ist, muß, um vorteilhaft zu wirken, andere Rollen spielen. Die Drehbuchautoren müssen ihm Zuverlässigkeit und charakterlichen Tiefgang ins Stammbuch schreiben. Das geschieht hier, bei Richard Paluck und Robert Guza jr., nicht. Insofern hat es Johnson als Carl schwer, sich in die Herzen der Zuschauer hineinzuspielen.

Carl: Verführer als Fiesling

ihn nach Los Angeles, weg von seiner ehemaligen Frau Melanie, die mit ihm in der Provinz in den Südstaaten dahinlebte. Denn Melanie kann weder lesen noch schreiben, und das soll dem Sohn erspart bleiben.

In Los Angeles sehen wir Don Johnson alias Carl – der Film verrät uns seinen Nachnamen nicht – wieder. Inzwischen ist seine Exfrau ihm nachgereist, hat sich unter Schmerzen an die Metropole angepaßt, ihr Lehrgeld bezahlt, ihn aufgestöbert. Unser Kidnapper aus familiären Motiven wartet auf sie in einer Stripteasebar. Er raucht und trinkt.

Don Johnson befindet sich zu diesem Zeitpunkt seiner Karriere auf der Wegscheide zwischen dem hoffnungsvollen Nachwuchsschauspieler mit bereits abgelieferten Talentproben und einem Neuanfang mit wirklich großen Rollen. Er sieht noch wie der große Junge von den heißen Hollywood-Cocktailpartys aus, mit einem Anflug von Männlichkeit. Sein weiches, ebenmäßiges Gesicht mit dem sahnebraunen Teint wird von weichfallenden, braunen Haaren umrahmt, er blickt aus sanften Augen und lächelt ein Verführerlächeln, das in dieser Rolle eine Spur zu kalkuliert ist, um anziehend zu wirken.

Daß er die Rolle überhaupt spielt, gleicht einer verzweifelten Mutprobe.

Seinen dritten Auftritt hat Johnson als narzißtischer Exehemann und hartherziger Vater in seinem Bungalow in der Armeesiedlung, die ihn beherbergt. Der Soldat mit dem smarten Gehabe wohnt einfach und gemütlich zugleich, ist ohne Sorgen, der Staat versorgt ihn. Er sitzt in der Küche, trinkt wieder ein Bier, raucht wieder eine Zigarette, philosophiert wieder mit rauchiger, whiskygetränkter Stimme.

Latente Gewaltbereitschaft ist seiner Körpersprache abzulesen, so sanftmütig, wie dieser Mann tut, ist er nicht. Und schon vergreift er sich an seiner Exehefrau und nimmt seinen Sohn als Geisel – Soldatenprogramm. Jedes Drehbuch besitzt seine Klischees, die allerdings von der Realität oft und gern verwirklicht werden.

Eine noch fiesere Rolle ist kaum denkbar. Don Johnson als schmieriger Bösewicht – der einzige übrigens in einem Film, der ansonsten nur freundliche und hilfsbereite Menschen beherbergt. Die Heldin macht ihr Glück in Kalifornien. Sie darf ihren Sohn sehen, sie bootet ihren Exmann aus. Und das Kind bekommt sogar so etwas wie einen neuen Vater. Don Johnson wird in seiner letzten Einstellung von zwei Militärpolizisten gepackt und darf nur noch wütend mit den Augen rollen. Er steht dem Glück Melanies und dem Erfolg des Films nicht im Wege. ●

m Winter 1982 traf Don Johnson zufällig wieder mit Patti D'Arbanville zusammen, die er seit seinem Zusammentreffen mit der New Yorker „Factory" schon kannte, aber aus den Augen verloren hatte. Don war inzwischen zu einem der begehrtesten Junggesellen des Showbiz aufgestiegen, ein Ruhm, mit dem seine realen Filmerfolge eigentlich nicht Schritt halten konnten. Er traf Patti in einem chinesischen Spezialitätenrestaurant von Hollywood, das nur Stars und Insider betreten dürfen. Funkte es zwischen den beiden, weil es schon lange eine unterschwellige Beziehung gab, die noch ungelebt war, oder nutzten beide nur die Stimmung der Stunde? Auf jeden Fall saßen sie bald an der Bar zusammen, und Patti fragte Don, wie

Sie waren überzeugt, ohne Trauschein viel mehr Anstrengungen zu unternehmen, um sich zu achten und zu lieben.

Allerdings bekannte Don: „Vielleicht bin ich eines Tages reif oder intelligent genug, um die Ehe für unsere Beziehung zu akzeptieren."

Don Johnson, bezüglich Liebesgemeinschaften also noch immer der Junge mit dem Hang, Konventionen zu mißachten und Autoritäten zu ärgern, äußerte sich über Patti D'Arbanville wie folgt. „Sie war aufgeweckt, lustig, interessiert an allem – und sie befreite mich aus meinem inneren Ghetto. Sie wußte immer, was ich gerade dachte oder tat, auch wenn wir 3 000 Meilen voneinander entfernt waren. Vielleicht rettete Patti mir das Leben – auf jeden Fall tat sie dies zusammen mit unserem Sohn Jesse. Ich glaube, alles, was zwi-

Patti, Sex, Liebe und so weiter

oft er schon verheiratet gewesen sei. „Zweimal." – „Ok, dann begrüße hiermit deine Ehefrau Nummer drei!"

Sie verbrachten die Nacht zusammen und auch die folgenden acht Nächte. Wahrscheinlich sprachen sie dabei nicht nur über den Vietnamkrieg und Dostojewski. Sicher jedoch über mehr als Sex, denn das Paar blieb auch in den nächsten Jahren zusammen, ohne daß die Themen versiegten. Don und Patti lebten miteinander, auch wenn sie nicht heiraten wollten. Wozu heiraten, wenn beide ohnehin fest zueinander standen!

schen uns geschah, stand von Anfang in den Karten." Damit mag er insofern recht haben, als Patti D'Arbanville stets jedem, der es hören wollte, anvertraut hatte, niemals Kinder bekommen zu wollen. Mit Don änderte sie ihre Einstellung auf wundersame Weise. In der Schwangerschaft achtete sie sehr auf ihre Gesundheit, und Sohn Jesse kam Ende 1982 mit neuneinhalb Pfund wohlauf auf die Welt.

Don Johnson erklärte einmal, wie ihn die Vaterschaft verändert hatte: „Ich begriff plötzlich, was Sex und Fortpflanzung voneinander unterscheidet. Ich meine, Sex ist die eine Sa-

Sportlicher Don.

che, Fortpflanzung eine ganz andere. Man lebt, macht seine Aufgaben, hat Kinder und lebt plötzlich durch diese Kinder weiter. Das ist die poetischste Sache, die das Leben anbietet. Eine derartige Freude! Meine Güte, seit Jesse wünsche ich mir ein ganzes Haus voller Kinder. Ich wollte sie nicht alle mit Patti haben – aber immerhin, sie machte gute Babys!"

Jedenfalls war Don Johnson in dieser Zeit das, was die Amerikaner „kidding" nennen - ein Kindernarr, auf Fortpflanzung aus, ein richtiger Familientyp. Dazu kam, daß er seine Lebensgefährtin Patti, die ihm diese „bemerkenswerteste Beziehung in meinem Leben", wie er es ausdrückte, bescherte, in jeder Hinsicht verehrte. Und daß er ihr dafür die Stabilität und Sicherheit gab, die sie nie besessen hatte. „Ich bin ihr Fels, niemals würde ich zulassen, daß ihr oder Jesse etwas Schlechtes widerfährt." Der Idealmann, wie aus einem Hollywood-Skript geschnitzt.

Dons neue Lebensgefährtin Patti D'Arbanville blickte zu diesem Zeitpunkt schon auf eine buntbewegte Vergangenheit zurück. Doch das konnte sie von ihm ja ebenfalls sagen. Patti war buchstäblich im Showbiz aufgewachsen, hatte schon als Baby Dauerserien erfolgreicher Werbespots abgedreht, war später zu einem begehrten Fotomodell aufgestiegen und kannte alle Junggesellen Hollywoods aus allernächster Nähe.

In Paul Morrisseys Film **Flesh** von 1968 konnte sie ihr vielbeachtetes Leinwanddebüt geben. Seitdem assoziierte das Publikum Patti mit der Warhol-„Factory", doch der neue Star verschwand nach Übersee und blieb fünf Jahre lang in Europa, um zu lernen, Kultur zu schnuppern und das süße Leben mit der intellektuellen Schickeria zwischen Tower, Eiffelturm und Kolosseum zu genießen.

Doch jetzt war sie wieder nach Kalifornien zurückgekehrt – und neun Monate, nachdem sie Don Johnson getroffen hatte, bekam sie den Sohn Jesse.

Das Paar wohnte in Santa Monica in einem hübschen Bungalow, und beide bemühten sich, der neuen Situation Rechnung zu tragen und seßhaft zu werden. Vater Don hatte sich darüber hinaus entschlossen, seinem Lotterleben in der Glitzerstadt zu entsagen, die endlosen Partys, haltlosen Suchtnächte und das Liebesgeplänkel mit unwichtigen Starlets aufzugeben. Entweder jetzt – wir schreiben das Jahr 1983 – oder nie. Denn Johnson ahnte, daß ein derart schnelles, rücksichtsloses Leben aus ihm irgendwann einmal ein Wrack machen mußte. Befand er sich nicht

schon auf dem besten Weg dorthin? Und was Patti dazu sagen würde, war ebenfalls klar, sie würde sagen: „Good bye!"

Es war dem Schauspieler endgültig klar, daß er „trocken" werden mußte, denn sonst besäßen weder sein Leben noch seine Karriere eine Zukunft. Er sah plötzlich deutlich, wie sehr er bereits einem Lemming glich, der sich im Zug mit all den anderen Lemmingen auf den Rand der Klippen zubewegte.

Knapp zwei Monate lang besuchte Don regelmäßig zwei Stunden pro Tag die Sitzungen der verdienstvollen Organisation Anonyme Alkoholiker. Danach war er „trockengelegt". Er ließ nun auch die Finger von Shit und Tabletten, ging früher schlafen, stand früh wieder auf, trieb Jogging-Sport, lernte neue Rollen. Mit einem Wort: Er gab seine alte Rolle auf, der attraktive Newcomer und Nachwuchsgigolo auf Hollywoods Cocktail- und Schnupfpartys zu sein, an dem die Girls herumzupfen. Er begriff sich nun endlich als ernsthaften Schauspieler, der seine Talente bündeln und erfolgreich einsetzen mußte. Daneben wollte er seine Fähigkeiten als Rockmusiker weiterentwickeln.

Hehre Vorsätze. Und siehe – er setzte sie um. Auch wenn es – nach seiner eigenen Einschätzung – weitere geschlagene achtzehn Monate dauerte, bis er ohne Rückfallängste leben konnte. Erst dann war er wieder völlig mit sich einverstanden. Vor allem fand er sich nun nicht mehr so langweilig, wie er es in der Zeit seiner Drogenabhängigkeit gewesen war. „Es war doch furchtbar! Wenn ich mit meinen Kumpels betrunken und bekifft am Abend irgendwo über die Probleme der Welt schwafelte, hatte ich am nächsten Morgen nur Kopfschmerzen und keine Erinnerung an irgendetwas – ich haßte mich dafür selbst." Dies vertraute er Harry F. Waters von NEWSWEEK an.

Oft genug bekommen Menschen, die sich endlich selbst ernst nehmen, eine neue Ausstrahlung, mit der sie andere überzeugen. Das genügt gerade im Showgeschäft manchmal bereits, um bei wichtigen Filmgrößen zu landen – unabhängig vom Talent. Don Johnson, mit seinem neuen Image als gereifter Filou, erhielt wieder vielversprechende Filmangebote. Hollywood wollte ihn wieder, man lud ihn zu Besetzungsproben für den Film **Verbrannte Erde** (Cease Fire, 1985) ein, den David Nutter in Florida drehen wollte. Don Johnson sollte, angetan mit einem Schnauzbart, an der Seite von Lisa Blount, Robert F. Lyons, Richard Chaves und Chris Noel den Vietnamveteranen Tim Murphy spielen, der un-

ter einem soldatischen Trauma leidet. Don nahm die Rolle dankbar an, denn sie forderte seine gesamten schauspielerischen Fähigkeiten.

Die Dreharbeiten begannen Anfang 1984. Don hatte zugestimmt, den Part zu übernehmen, obwohl zu dieser Zeit seine Besetzung für die neue Krimiserie **Miami Vice** bei der Gesellschaft NBC erwogen wurde. Eine Hauptrolle bei diesem Fernsehprojekt hätte Johnsons Probleme – unter anderem ein Schuldenberg – mit einem Schlag gelöst. Doch er setzte jetzt auf solide Schauspielerei. Und er hatte Glück. Denn der Film **Verbrannte Erde** erzielte zwar keinen Erfolg, aber es war ein guter Film. Und da die Dreharbeiten in Florida stattfanden, konnte er sich öfters mit Tony Yerkovich treffen, der **Miami Vice** vorbereitete und vor Ort in Miami recherchierte.

Don Johnson schlug also zwei Fliegen mit einer Klappe. Er hatte wieder im Kinogeschäft Fuß gefaßt, und darüber hinaus war er für eine große TV-Serie im Gespräch. Er nutzte die Chance, mit seinem Förderer Yerkovich

den Weg für seine Mitwirkung zu ebnen. Und als **Verbrannte Erde** abgedreht war, luden ihn die Besetzungsstrategen der NBC zu einem Test nach Los Angeles vor. Doch dieser Test sollte nicht so sehr darin bestehen, seine schauspielerischen Künste zu erleben, sondern zu prüfen, ob Don „clean" sei.

Johnson reagierte darauf verständlicherweise kühl. Er hielt es für unter seiner Würde, den geforderten Beweis anzutreten. Selbstbewußt erklärte er, der wußte, daß er diese Probe bestehen würde, den NBC-Bossen seinen Standpunkt, und gerade dies nahm für ihn ein. Man war beeindruckt.

Als den Verantwortlichen dann auch noch die Muster von **Verbrannte Erde** vorgeführt wurden, war der Weg für Johnson geebnet. Denn seine Rolle des Vietnamveteranen Tim Murphy hatte es wirklich in sich. ●

Mit Sport versuchte Don Johnson erfolgreich, sich aus dem Sumpf seines richtungslosen Lotterlebens herauszumanövrieren.

Gerade sahen wir ihn noch in Vietnam mit dem sichernden Gang des Dschungelkämpfers, der hinter jedem Gehölz seinen „Charlie" wittert, und schon wacht er schweißgebadet in seinem Bett auf – er hat es nur geträumt. Danach tigert er statt über das abenteuerliche Schlachtfeld zur Arbeitsvermittlung von Florida, denn dieser Soldat hat abgemustert.

Wir erkennen Don Johnson in seiner Rollenmaske in **Verbrannte Erde** kaum. Er sieht wie ein Latino aus. Er wieselt herum. Sein glatt gestriegeltes, halblanges Haar ist schwarzbraun, sein mächtiger Schnauzer ebenfalls, unter dem offenen, blauschwarz karierten Holzfällerhemd trägt er ein Hippie-T-Shirt. Man hat aus Don Johnson einen Schauspieler gemacht, der in seiner Rolle als Vietnamveteran im Nachkriegsalltag verschwindet.

Flashback. Don Johnson im Unterstand. Diesmal gegenüber seinem ersten Auftritt in diesem Film kaum wiederzuerkennen, eher nicht Don Johnson diese inneren Vibrationen, die er in seinem Spiel deutlich zu machen in der Lage ist, dann verlöre der Zuschauer bald sein Interesse an diesem Filmgeschehen.

Tatsächlich kann jedoch Don Johnson die psychischen Beschädigungen durch den Alptraum Vietnamkrieg zunehmend glaubhaft machen. Er vollbringt dies nicht durch mimische Kraftakte, sondern durch eine Körpersprache, die seine Gefühle wie durch eine dünne Folie nach außen drückt. Zwischen der unscheinbaren Normalität des Mannes von der Straße, der seinen Verrichtungen nachgeht, und der Besonderheit des psychisch gestörten Kämpfers mit dunkler Vergangenheit, in dessen Bewegungsabläufe sich heimtückische Komplikationen einschleichen, findet er die notwendige Balance.

„Überleben, Heimkommen, das ist die wahre Hölle", philosophiert dieser Mann aus heiterem Himmel, und so schlicht, wie er diese Erkenntnis ausspricht und in seinem zukünftigen Alltag, der immer schwieriger wird, ausagiert, so überzeugend wirkt dieser starke Satz.

Tim Murphy: Verstörter Veteran

der Schauspieler, der gerade zum Sprung in die Serie **Miami Vice** ansetzt. Er raucht einen Joint, er macht einen Witz, er läßt die Muskeln spielen. Draußen dräut der Feind. Rückblenden wie diese gelten in diesem Film als Erinnerung an eine schlimme und doch aufregende Zeit: die Zeit der frei streunenden, wenn auch vom Tode bedrohten Männerhorde im fremden Land. Dagegen wirkt der Alltag in Florida eher schlicht – mit Kind und Kegel, aber immerhin weniger Lebensgefahr.

Der Mann und Vietnamveteran versucht, sich zusammenzuhalten. Seine Erinnerungen drohen ihn zu zersplittern, aber sein Programm lautet: überleben! Vietnam sitzt ihm im Gedächtnis, aber die Gegenwart bedeutet: Arbeitsamt. Trotz dieses enormen Kontrasts ist der Film von David Nutter zunächst kaum in der Lage, die Gefährdungen einer Individualpsyche visuell zu problematisieren. Alles ist nett, die Personen sind zu brav, die Bilder zu harmonisch, die Konflikte zu sehr „amerikanisch" geglättet, um wirklich zu bewegen. Die Typen mit den nächtlichen Alpträumen gehen in die Küche, trinken eine Coke, und schon stabilisiert sich ihr Trauma. Und hätte

Denn Tim Murphy verkündet ihn nicht, sondern er bildet sich ganz selbstverständlich aus seinem inneren Erfahrungsschatz heraus, und Don Johnson tut nichts, um seine Erkenntnis theatralisch aufzupolieren. Das sieht gut aus und unterscheidet sich wohltuend von der Melodramatik, mit der andere in diesem Film und andere in anderen Filmen ähnlichen Themas agieren.

Es ist also gerade das unscheinbare Spiel, das Don Johnson in dieser Rolle auszeichnet. Er hat es nicht nötig, sich in den Vordergrund zu spielen. Er läßt sich Zeit mit der Entwicklung seiner Rollenfigur, er scheut sich nicht, einfach im Bild herumzustehen und nichts Besonderes zu tun – das riskierten höchstens einmal die alten „tough guys" aus den Gangsterfilmen der vierziger Jahre, die Bogart, Raft, Cagney, die auch einfach von der Kamera weg spielen konnten, um Wirkung zu erzielen. Wo andere immer frontal zur Kamera agieren, als wäre diese ein Besetzungsagent, um ihren Star-Appeal zur Geltung zu bringen, begnügt sich Don Johnson in Verbrannte Erde mit ein paar Seitenansichten. Das ist für einen jüngeren Schauspieler, der gerade erst

Karriere machen will, erstaunlich professionell. Vor allem deshalb, weil Johnson auch mimisch überzeugen kann, wenn er will. Er war zu diesem Zeitpunkt – mit immerhin knapp 34 Jahren – selbstbewußt genug, seine schauspielerischen Mittel völlig zu beherrschen.

Also gibt er sich eine Chance. Er beeindruckt durch zurückgenommenes Spiel. Desto überzeugender wirken seine Ausbrüche.

Johnsons Tim Murphy ist sein eigentlicher und erfreulicher Kinokarrierestart nach Maß, im Jahr des Beginns von **Miami Vice**. Ein Film und eine Rolle, die jedoch zunächst zurückgehalten wurden. Erst nachdem Don Johnson als Sonny Crockett im Fernsehen Starruhm erlangt hatte, kam sein Tim Murphy ins Kino. ●

Auf dem Weg nach Miami

Don Johnson suchte einen Ausweg aus seiner Misere. Er fahndete nach neuen Aufgaben. Und die Giganten der nordamerikanischen Unterhaltungsindustrie suchten nach einer neuen TV-Serie, die wirklich Stil hatte. Beide Seiten suchten und fanden sich. Jeder gewann.

Fernsehkrimis gab es in den USA des Jahres 1984 genug. Bullen, Schnüffler, Agenten, Private eyes zogen in Scharen über die Mattscheiben der Nation. Doch die Machart der Serien ähnelte sich. Magnum meets Rockford meets Kojak meets Remington war zwar seit einiger Zeit ein Dauerbrenner, doch langsam ging den Serienschnüfflern die Puste aus.

Die Bosse der Fernsehgesellschaft NBC dachten sich etwas aus. Technisch, ästhetisch, stilistisch, erzählerisch sollten neue Maßstäbe gesetzt werden. Die Grundidee für **Miami Vice** wurde geboren. Die neue Krimiserie sollte als erstes TV-Projekt in Stereo ausgestrahlt werden. Die handelnden Figuren sollten sich im Zeitalter des Videoclips an ästhetischen Rock- und Popstandards messen lassen. Die Schauplätze sollten neu und glamourös sein. Der musikalische Soundtrack sollte mit dem von großen Kinoproduktionen vergleichbar sein. Das Budget ebenfalls.

Und diese Ideen konnten auch umgesetzt werden.

Der zweistündige Pilotfilm von **Miami Vice** (deutsche Fassung: 94 Minuten) koste-te allein vier Millionen Dollar – eine bis dahin unvorstellbare Summe für einen TV-Film. Für die zwölf Folgen der ersten Staffel wurden jeweils circa 800 000 Dollar ausgegeben. Als die Branche davon hörte, wuchs die Spannung. Insider verbreiteten begeisterte Kommentare. Die Konkurrenz wünschte der Serie ein grandioses Scheitern. Doch die NBC und vor allem ihr verantwortlicher Leiter, der dreißigjährige Brandon Tartikoff, blieben cool – man hatte ein sicheres Gespür für den Erfolg. Nicht zuletzt deshalb, weil mit Michael Mann ein erfahrener und kreativer Produzent und mit Anthony Yerkovich ein Drehbuchautor der Sonderklasse verpflichtet werden konnten.

Und bei der Besetzung bewies man ein glückliches Händchen. Der bis dahin von den Bossen kritisch taxierte Don Johnson und Philip Michael Thomas, Polizistensohn indianisch-amerikanisch-afrikanisch-irischer Abstammung aus Ohio sowie kultivierter schwarzer Schauspieler mit einem Hang zum Okkultismus, lernten sich bei den Leseproben vor den ersten Aufnahmen kennen. Es funkte sofort zwischen den beiden ungleichen Männern, man verstand sich. Beide hatten ähnliche Erfahrungen mit Höhen und Tiefen bei ihrer Film- und Fernsehkarriere gemacht. Und sie schworen sich jetzt, sich gegenseitig zu unterstützen, solange an **Miami Vice** gearbeitet werden mußte. Sie wollten sich gegen alle Anfeindungen den Rücken stärken – nicht nur, solange die TV-Kameras liefen. Während der detaillierten Vorbereitungen zum Drehen entstand eine enge Freundschaft zwischen dem

36jährigen Phil und dem 33jährigen Don, die bis heute anhält. Eine Zeitlang lebten die beiden Schauspieler sogar zusammen, um ihre Rollen intensiv durchleben zu können. Arbeitsbesessene für eine schnöde Krimiserie. Ein Glücksfall fürs Fernsehen.

Die nordamerikanische TV-Nation wartete, nachdem Besetzung und Vorbereitungen endlich abgeschlossen waren und gedreht wurde, gespannt auf die Premiere der Serie. Am 16. September 1984 war es soweit. Der Pilotfilm flimmerte über die Mattscheibe. Und die Kritiker waren sogleich des Lobes voll.

Die Reaktion des Publikums war jedoch geteilt. Man wartete ab. Die nächsten Folgen gingen jeweils am Freitagabend auf Sendung, und langsam gewöhnten sich die Zuschauer an den neuen Stil und Sound. Vor allem jene Zuschauer, die die gängige Fernsehkost satt hatten. Und das waren jüngere Zuschauer, gebildete Zuschauer, sozial aktive Zuschauer.

Miami Vice blieb zunächst ein Geheimtip. Eine Kultgemeinde schwor auf Crockett und Tubbs in Miami. Der Rest schaltete das „A-Team"ein, also auf Muskelhelden in Kampfanzügen um, die auf Technik statt auf Kreativität setzen. Doch Anfang 1985 änderte sich alles. Plötzlich hatte die Mund-zu-Mund-Propaganda gewirkt – wie immer bei Kultfilmen. Langsam boomte die Serie. Und im Sommer des gleichen Jahres wiederholte NBC sie schon. Mit dem Wiedererkennen kam der Riesenerfolg. Jetzt erkannten die TV-Zuschauer, was sie bisher schon immer hatten sehen wollen: **Miami Vice !**

Der Erfolg schlug sich in „Emmy" – Nominierungen nieder. Niemals zuvor war eine TV-Serie so oft für diesen Preis – dem Oscar im Kinogeschäft vergleichbar – vorgeschlagen worden. Nach der Preisverleihung in Hollywood begriff auch der letzte Kritiker oder Zuschauer, was ihm die Serie bedeutete.

Und Don Johnson, das neue Sexsymbol des Fernsehens, bekam endlich den Superstar-Nimbus, der ihm zustand. Er wurde wie ein Popstar gefeiert, als Idol einer Unterhaltungskultur, die Ikonen schafft, um sie rituell zu verehren.

Als die zweite Staffel anlief, war sein Ruf längst gefestigt. Die Promotion für die Serie lief bereits auf Hochtouren, eine ausgekoppelte LP mit dem Soundtrack konnte schnell eine Million Mal verkauft werden. **Miami Vice** hatte bereits Mode gemacht. Don Johnson galt als Dressman der Nation. Und für die restlichen Fernsehgewaltigen der USA brachen schwere Zeiten an, wenn sie sich nicht ganz schnell auf das ästhetische, visuelle, technische und akustische Niveau dieses trendsetzenden TV-Straßenfegers einstellten. ●

„In der Schußlinie" – Sonny Crockett ermittelt gegen gnadenlose Killer, die einen Zeugen der Anklage im Prozeß gegen einen Drogenboß beseitigen wollen.

Miami Vice!

Sonny Crockett und Ricardo
Tubbs – auch in modischer
Hinsicht trendsetzend.

Das Knattern wie von Maschinengewehren, die Palmen, der Strand, rosarote Pelikane, schöne Mädchen, „toughe" Baseballer, rasende Bootsfahrten, Papageien, Straßenflitzer, Brandung, Swimmingpools, Hunderennen, Glasbeton, schicke Abendgarderobe, Pferde, glitzernde Fassaden, harte Macker, der Atlantik im Tiefanflug, etwas Straßenleben, blutrote Sonnenuntergänge, fetzige Musik – **Miami Vice!**

Und der Beobachter an der Straßenecke: Don Johnson, weißer Leinenanzug, lindgrünes T-Shirt, Sonnenbrille, Zigarette im Mundwinkel, Dreitagebart. Lässig, geschmeidig, einfach smart. Wie die einzelnen Folgen der Serie beginnen, so enden sie auch: rasant. Und

zwischendrin bieten sie viel, was andere TV-Serien nicht haben. Vor allem bieten sie andere Menschen, andere Schauplätze und ein anderes Licht. So lichtdurchflutet war noch keine Fernsehkrimiserie. Licht von überall, wie im Paradies. Und die erfrischende Brise vom Atlantik her, die sich so schön in den Haaren verfängt. Die Typen wie im Urlaub hell und leicht gekleidet. Die Frauen schön und sexy, mit viel nackter Haut.

Miami Vice ist eine luftige, duftige Serie, hell und freundlich. Eine Serie in Pastell. Um so wirkungsvoller ist der Kontrast, wenn sich das erste Opfer in seinem Blut wälzt.

Und Don Johnson als Sonny Crockett ist nicht gerade der typische Bulle. Eher der Mann, der einen Sonnentag in Miami Beach genießt. Er wirkt angenehm weich, ausrei-

Don Johnson als Sonny Crockett, Philip Michael Thomas als Ricardo Tubbs und Edward James Olmos als Lieutenant Castillo – das personelle Herzstück von Miami Vice.

chend sportlich, nicht aufdringlich. Er geht eher wie ein Ballettänzer als wie ein Plattfuß. Etwas Amüsierfreudiges liegt in seinen Bewegungen. Vielleicht steuert er gerade seine Lieblingskneipe an? Nein, er fahndet. Und zwar auf seine Weise.

Und das bedeutet: keine laufenden Protokolle, keine Fahndungsberichte, keine Rückendeckung durch seine Behörde, nicht die üblichen Bullenmanieren und Bullenwitze. Sonny Crockett macht es auf die nicht übliche Tour.

Er wirkt auch nicht wie der übliche Actionheld, obwohl sein blütenweißer Anzug manchmal schnell Flecken bekommt. Die Regie wagt durchaus etliche Großaufnahmen und Naheinstellungen von diesem Schauspieler, der auch durch den Ausdruck seines Gesichts unterhalten kann. Don Johnson, am Anfang der Serie noch mit kurzen, nach hinten gebürsteten Haaren, aus denen sich hin und wieder eine jungenhafte Strähne löst, kann so mitfühlend schauen und melancholisch verhalten aussehen, so sensibel sprechen, daß der Zuschauer glaubt, sich in einem Melodram zu befinden. Wenn er lächelt oder grinst, schmelzen Herzen. So wie Don Johnson hat in der neueren Filmgeschichte nur noch ein einziger Filmstar gelächelt – seine Kollegin aus Frankreich, Jeanne Moreau, eine Frau, deren Lächeln den Regisseur François Truffaut zu einem ganzen Film **Jules und Jim**, animierte.

Sein Lächeln beeindruckt – er setzt es dezent ein. Und wenn er sich bewegt, beeindruckt seine Jünglingsfigur. Er ist durchtrainiert, aber nicht im Bodybuilderstudio. Er wirkt spritzig, aber nicht übertrieben, wendig, aber nicht motorisch. Seine Kanone im Schulterhalfter scheint eher zu seinem Freizeitoutfit zu gehören als zu seiner Angriffsausstattung. Sie steht dem wehrhaften Jungen im T-Shirt gut, aber kann er auch damit umgehen?

Das beweist er.

Er beweist darüber hinaus seine Fähigkeiten als Lenker eines Stinger-Schnellboots, als Driver eines Flucht- oder Verfolgungswagens, als stuntfähiger Ermittler, als Teufelskerl. Wenn er sauer oder nervös ist, tritt oder stampft er auf der Stelle wie ein Rapsänger oder Tänzer, der den Beat im Ohr hat, dann scheint auch sein Dreitagebart schneller zu sprießen. Er kann wirklich richtig auf Touren kommen, vor allem angesichts der Unfähigkeit der Behörden oder der Ermittlungsarbeit des Kollegen Ricardo Tubbs aus New York – in der ersten Folge noch nicht sein Partner in Miami.

Oder wenn einer ihm dumm kommt und ihn ironisch als „Geschenk Gottes an die Polizei" tituliert. Dann kramt dieses ehemalige Footballaes beispielsweise seinen alten Lederball hervor und schmettert ihn wild, aber gezielt durch die Gegend. Oder er spießt sein Gegenüber mit dem ausgestreckten Zeigefinger auf und läßt dazu ein paar giftig-sprudelnde Worte mit hochgezogenen Lefzen ab.

Don Johnson besitzt einen jungenhaften Charme. In den ersten Folgen der Serie scheint er gerade von einer Shitparty herübergekommen zu sein. An seinen Schultern klebt noch der Staub irgendeines Campus, er scheint mit dem Duft des freien Hippielebens deodoriert. Und ein bißchen verkatert wirkt er schon, wie er da morgens aus der Kabine seines Bootes krabbelt, auf dem er wohnt – so als hätte er bis fünf Uhr morgens an der Tequilaflasche gegangen.

Aber es ist gerade dieser Kontrast zum gewöhnlichen Bullen irgendeines Miami oder TV-Miami, der Johnson für die Rolle ideal macht. Denn die Partymanieren, die er besitzt, scheint der Schauspieler geradewegs aus seinem Privatleben mit herübergebracht zu haben. Ein zusätzlicher Kitzel für den Zuschauer: Gehört Don Johnsons offensichtlicher Kater zur Rolle oder zu seinen stadtbekannten

Der Gangster

„Herz des Todes " – Crockett
hat sein Gedächtnis und sein
Herz für das Gesetz wieder-
gefunden, darf jedoch noch
nicht wieder für die Polizei
arbeiten.

nächtlichen Orgien bis kurz vor Drehbeginn?
Bevor man sich in die Antwort vertieft, geht
zum Glück die Story mit Rasanz weiter.

Und das bedeutet: Aufspüren eines Dea-
lers, Undercover-Tätigkeit, Entwirren der Hintergründe und Hintermänner, Verfolgungsjagden, das Handgemenge, das Schießen.
Und das alles garniert mit schönen Dingen
und aparten Menschen.

Don Johnson ist in der Lage, als Sonny
Crockett eine festumrissene Figur aufzubau-
en. Outfit, Bewegungen, Gesten, Mimik, Sprache bleiben sich gleich. Er scheint sich selbst
zu spielen, so ungekünstelt wirkt sein Spiel.
Aber das ist natürlich nur ein Trick, mit dem er
dem Zuschauer, der theatralisches Gehabe
nicht mag, noch sympathischer wird.

Bei den Frauen kommt er natürlich bestens an. Er verbindet den Verführer mit dem
Gentleman, den Liebhaber mit dem Be-
schützer, dem Freund und dem Bruder –
wow! Ein romantisches Glitzern steigt in seine Augen, wenn die Stimmung es erfordert;
er kann zärtlich, geheimnisvoll, äußerst sinnlich sein. Und wenn nötig, bringt er die An-
gebetete einfach nur ins Bett und verab-
schiedet sich.

Kaum eine kann ihm widerstehen. Unser
Don Juan Johnson mit der Polizeimarke schlägt
seinesgleichen weit aus dem Feld. Und glück-
licherweise protzt er dabei nicht mit der Ma-
chonummer anderer Krimihelden. Er genießt
einfach wie jemand, der durch die Schule irgendeines aufgeklärten Hedonismus gegangen ist. Ein Bulle, der liebesfähig ist – na also!

In den ersten Folgen der Serie wirkte sein
männlicher Charme noch etwas süßlich, wie

bei einem Gigolo, der jetzt jedoch vernünftig
wird. Wenn er im Rotlichtmilieu fahndete,
glaubte der Zuschauer spontan, einen
Kunden vor sich zu haben. Etwas von einem
Stricher haftete diesem hübschen Jungen
ebenfalls an, der so lüstern blickte. Das versuchte er schnell wegzuarbeiten. Es gelang
ihm mühelos. Aus dem Beau wurde schnell
ein Mustermann, aus dem Jüngelchen einer,
der Vertrauen erweckt. In sein
erfahrungsloses Gesicht zogen
Lebenslinien ein. Man nahm
ihn daraufhin ernst.

Dabei halfen Sonny
Crockett natürlich die Insignien
der Polizei: Dienstmarke,
Revolver, vertraulicher Auftrag,
Verantwortung, Ermittlung im
Interesse der Allgemeinheit –
man kann sich auf ihn verlassen. Und darauf kommt es ihm
an – dem Rollentyp, dem
Mann, dem Schauspieler Don
Johnson. Er lächelt sympathisch, blickt sensibel, studiert
die Akten, lädt durch und
feuert für eine Welt ohne Verbrechen. ●

Der Gangster

„Tod und Scheintod" - Lieutenant Castillo droht Opfer einer Intrige zu werden und berät sich mit seinem Untergebenen Crockett.

Das Ende ist fast erreicht. Nach fünf Jahren läuft die Serie aus. Was haben die Autoren uns noch zu sagen? Nichts. Und die Figuren? Auch am Ende. Philip Michael Thomas in seinem Starruhm erstarrt, Edward James Olmos unbeweglich im Halbschatten seines Office, der Rest chargiert gesichtslos vor sich hin.

Und Don Johnson? Eine einzige Großaufnahme seines Gesichts rettet auch die müdeste Story. Und er gibt sich wirklich Mühe, so viele Close-ups wie möglich zu bekommen. Zu wenig.

Eine Figur wie sein Sonny Crockett

Aber jetzt? Geht er baden. Er taucht mal kurz im Polizeihauptquartier auf und sagt etwas von einer „Morelli-Akte" und von der „Überprüfung Castillos", dann verschwindet er wieder.

Sein Outfit ist das gewohnte: lässige Hose, T-Shirt, Jacke, Leinenschuhe, halblanges Haar – derselbe alte Sonny, wie eine schwarze Schöne sagt. In der Tat. Aber etwas fehlt – die Inspiration.

Don Johnson geht von hierhin nach dorthin. Auf dem Revier wirkt er wie ein gemütlicher Schreibtischhengst, der sich hier eingerichtet hat, offensichtlich seinen Friseur nicht bezahlen kann und penetrant mit Akten wedelt. Er verschwindet in irgendeinem Auftrag.

Derselbe alte Sonny –
oder: Die Phase der Dekadenz

ist in ihrer glamourösen, an Kinovorbildern orientierten Zeichnung dazu verurteilt, sich nicht zu verändern. Das geht ein paar Jährchen gut, dann nicht mehr. Das Klischee drückt auf die Serie, das Milieu, die Figur. Die Storys drehen sich nur noch um das eine: Wie fange ich den Drogendealer XY, den „Kubaner", den „Kolumbianer", den Mann im Dunkeln? Daß den Autoren der Serie nach anfänglichen Ausflügen ins Rotlicht-, Rennfahrer-, Serienmörder-, Kidnapping-, Hochseejagdmilieu (usw.) jahrelang nichts anderes mehr einfiel, als die stadtbekannten Bullen vom Drogendezernat in ihren schicken Freizeitklamotten – getarnt als gewöhnliche kleine Dealer aus dem Milieu! – in Kontakt zur örtlichen Drogenmafia zu bringen, ist bezeichnend genug. Daß dies so viele Jahre lang gut ging, war allein Don Johnson zu verdanken.

Seine Abgänge ereignen sich immer häufiger, seine Abwesenheit ist unerträglich zerdehnt. In einer Folge kurz vor Schluß taucht er überhaupt nur noch vor dem Vorspann auf und verschwindet dann – von den Autoren unmotiviert – für den Rest des Films.

Wenn er wieder auftaucht, bewundern wir seine silbergraue Weste, über der locker sein Dienstrevolver baumelt. Der Revolver wirkt wie ein Accessoir eines Beaus, der zufällig auf einem Bullenrevier wohnt. Der Zuschauer wünscht sich Aktion. Und bekommt sie zu selten.

Aber schließlich bekommt er sie dennoch. Und dann ist Don Johnson wirklich wieder derselbe alte Sonny.

Dann nämlich agiert Sonny Crockett draußen, im Licht von Miami Beach, und der Wind vom Atlantik verfängt sich wieder in seinen Rauschgoldlocken.

Und sonst? In seinem schulterwattierten Jackett, den weißen Tennisschuhen und dem kragenlosen weißen Hemd, einen Cocktail schlürfend, sieht dieser Bulle zwar lässig, aber nicht mehr wie im Dienst aus. Um diesem Eindruck entgegenzusteuern, steht er plötzlich vom Barhocker auf und sagt: „Ich geb' mal die Fahndung raus!" Na bitte. Überhaupt sind die Dialoge recht einfältig geworden. Sie beschränken sich aufs Konstatieren des Offensichtlichen. Und die Bilder fangen nur noch das ein, was der Zuschauer schon kennt. Über der Handlung liegt als akustischer Fremdkörper die Soße irgendeines Popsongs.

Dann wieder Sonny Crockett. Wir atmen auf. Sonny handelt, auch wenn eine gewisse Müdigkeit schon um seine Augen liegt und er nicht mehr wie früher von seinem Stuhl hochfedert, wenn eine Blondine ins Büro schwebt. Immerhin ist Don Johnson zu diesem Zeitpunkt bereits Ende Dreißig. Aber das Designerjackett steht ihm noch immer wunderbar. Und wieder schüttelt er in der Brise am Strand des schmutzigen Miami sein Haar wie ein Engel aus.

Don Johnson steckt die Hände in die Hosentaschen, steht im zerknitterten Tuch auf wippenden Beinen da. Er sondert einen Satz ab. Die Kamera erfaßt ihn oft von seitlich hinten – undenkbar für frühere Folgen. Dann wieder ein Close-up. Wir atmen auf und sehen in sein sensibles, vom Leben sanft gezeichnetes, schön ebenmäßiges Beaugesicht, das nicht nur schön ist, sondern auch Vertrauen erweckt.

Gestisch bleibt Don Johnson bei seinem Minimalkonzept: Er blickt spöttisch oder erstaunt, wischt sich hin und wieder mit der flachen Hand über den Mund, er lächelt, leckt sich über die Lippen, schüttelt seine Mähne, deutet mit dem ausgestreckten Zeigefinger auf Personen und Tatbeweise, steckt dann ganz schnell wieder die Hände in die Hosen- oder Jackentaschen und steht wie frierend da oder beugt den Oberkörper zurück. Blickt spöttisch oder erstaunt.

Und dann folgt tatsächlich die allerletzte Folge – in zwei Teilen. Der allerletzte Abgesang einer TV-Serie, die schon lange vorher beendet schien. Aber es sah so aus, als wolle sich niemand wirklich von diesem Produkt trennen. Eine ganze Periode mit Don Johnson im Designeroutfit sollte endgültig beendet sein? Nein! Welche Vergeudung von Lebenszeit, Schönheit, inszenatorischer Emphase! Lieber ließ man noch die eine oder andere Folge dahindümpeln. Zum Schaden von Don Johnson, der **Miami Vice** per Entschluß ein für alle Mal beenden wollte und die Serie jetzt, mit einem darstellerischen Gewaltakt, auch beendet. Die letzte Folge. „Der letzte Auftrag".

Eine Militärdiktatur in Lateinamerika liegt in den letzten Zügen, Geld soll außer Landes gebracht werden, doch das scheitert. Das Drogenkartell von Medellin, seit Jahren der TV–Serienbösewicht für alle Fälle, ist dagegen.

Don Johnson alias Sonny Crockett lümmelt sich unterdessen in einem zivilen Fahndungsfahrzeug von Miami Vice herum, in einer schäbigen Seitenstraße wartet er wieder einmal auf Dealer. Er hat einen schweren Kopf, ist nicht in Stimmung für Rock'n'Roll und fragt sich sowieso, ob es für ihn nicht etwas Besseres gibt, als sich im Dschungel von Miami die Nächte um die Ohren zu schlagen. Gemach, dies ist dein letzter Auftrag. Don weiß es, Sonny noch nicht. Verfolgungsjagden, quietschende Reifen, Crash und Staus – die Mittel des Drehbuchs für die letzte Folge. Action statt Story. Darüber Jan Hammers enervierender

„Jenseits des Gesetzes" – Crockett und Tubbs observieren einen dubiosen Dealer.

„Superheld" –die beiden Drogenpolizisten bekommen es mit einem Draufgänger zu tun , der das organisierte Verbrechen im privaten Alleingang besiegen will.

musikalischer Lärm auf Keyboard und elektrischer Gitarre.

Ein Intrigenkarussell rivalisierender Gangs und Polizeitruppen kommt in Gang, und Sonny samt Rico befindet sich mittendrin. Aber die Story bleibt zweitrangig, austauschbar. Alle Elemente überwuchern die Story: Landschaften, künstliche Stadtpanoramen, sterile Innenräume, Design, Gegenstände, Reichtum, Posen, inszenatorischer Schnickschnack, das bedeutungsschwere Nichts an Aussage. Und diese endlosen Gänge von Crockett und Tubbs, Seite an Seite, über die Tatorte, aus keinem anderen Grund, als diese Männerpartnerschaft von Schwarz und Weiß zu zeigen – ohne jede erzählerische Notwendigkeit.

Wieder einmal käme es allein auf Don Johnson an, aber der ist schon auf dem Absprung.

Seine Haare sind noch etwas länger geworden, seine Gesichtszüge weicher. Sie drücken Ekel vor der immer gleichen Bewährung, den immer gleichen Standards aus. Und schon ist er wieder, im Auftrag seiner Re-

guren, überwucherndes Dekor. Die Darbietung der politischen Szenerie in einem lateinamerikanischen Terrorstaat gleicht einem Geschichtsunterricht für Klippschüler: hier der pockennarbige, korrupte Präsident, dort die schöne, glutäugige Terroristin, dazwischen Folklore mit Maschinengewehren.

Eine sinnvolle Interpretation von Don Johnsons Rolle und der seines Partners Rico alias Philip Michael Thomas gibt es nicht. Don Johnson beantwortet die Sinnleere um sich herum mit einem trotzigen Ballen der Fäuste, die er in die Hosentaschen rammt. Er wartet ab. Dann handelt er.

Er trägt viel Weiß. Mitten in der Nacht, wenn er den Präsidenten als Informanten für das heimische FBI aus seinem Palast retten muß, leuchtet seine weiße Windjacke wie ein Fanal. Sein leuchtend-rotes Halstuch weht kühn im Wind. Seine Goldlocken runden den perfekten ästhetischen Eindruck ab, den dieser nordamerikanische Held fürs Fensehen liefert.

Diese ästhetischen Zeichen stellen seine

„Traumtrip" - Crocketts Haarmähne wird immer länger, und seine Probleme (sowie die von Don Johnson mit der Krimiserie) werden immer größer.

gierung, gegen den Medellin-Konzern in Aktion, der in „Costa Morada", einer maroden lateinamerikanischen Zwergdiktatur, das Sagen hat. Kurzfristig sieht er wirklich aus wie der nordamerikanische Tourist unter südlicher Sonne, der er auch ist – wenn auch mit der Knarre im Halfter. Denn Sonny weiß seinen Job durchaus zu genießen. Die Sonne scheint, die Mädchen sind kaffeebraun, die Cocktails schmecken süß.

Vorerst verschwindet er dann, wie üblich in dieser Dekadenzphase der Serie, in der Handlung – oder besser gesagt: in dem, was als Handlung übriggeblieben ist. Geschwätzige Dialoge, aufdringliche Milieus, fadenscheinige Motivationen, viele überflüssige Fi-

eitle Gegenwehr dagegen dar, daß die Serie von ihm kaum noch etwas übrigläßt. Wenn er schon nichts zu sagen hat, will er wenigstens schön sein. Erst wenn er wieder durchstarten kann, in Aktion gerät, von Mauern springt, sich von Bäumen abseilt, in Sperrgebiete eindringt, schneller am Abzug ist, sich auf Handlung statt auf Wirkung konzentrieren darf, wenn sein blütenweißer Leinenanzug einige Flecken bekommt, dann lieben wir ihn wieder. Der Fahnder mit dem Charme des hübschen Strichjungen ist wieder unser zuverlässiger männlicher Held. Und bleibt dennoch schön – das hebt ihn aus der Serie der sonstigen Krimiheroen heraus, die völlig in ihrer Rolle aufgehen. Don Johnson nicht. Er

bleibt der Glamourstar, der sich in Positur stellt. Wo andere den Bizeps anspannen, beeindruckt er mit einem Augenaufschlag. Feminin und entwaffnend männlich zugleich.

Der Zuschauer ahnt auch, wohin die Karriere Don Johnsons gehen könnte. Denn immer wieder beeindruckt die gestische und physiognomische Präsenz dieses Schauspielers.

Es gibt niemanden in der nordamerikanischen Schauspielerriege, der drei wichtige Johnson-Standards miteinander verbindet: erotischen Charme, dramatische Kompetenz und Actionqualität. Mit gepflegen Hippiehaaren, lässig-teuren Klamotten, Don-Juan-Charme – und moralischer Rigorosität. Er könnte einen Fahnder von großer Glaubwürdigkeit abgeben – in Hollywood-Krimis, die ernstzunehmende Storys erzählen. Nicht Storys wie diese, die ein Klischee an das andere reiht, hölzerne Figuren vorführt, die in unwahrscheinliche Situationen geraten, aus denen es diesen oder jenen gleichgültigen Ausweg gibt.

Don Johnson könnte Männer verkörpern, die moralisch engagiert für eine Sache eintreten – das wäre weit entfernt von der Langeweile, mit der er in der letzten Phase von **Miami Vice** seine Aufträge erledigt.

Er könnte Männer verkörpern, die körperlich fit im Einsatz sind – keine Monster wie Sylvester Stallone oder Arnold Schwarzenegger und auch keine Akteure, die an Alterssport denken lassen wie Jean-Paul Belmondo; nein, Männer mit körperlicher Präsenz.

Er könnte Männer verkörpern, die dennoch keine Sieger sind. Gebrochene Gestalten, die etwas wie Verlorenheit ausstrahlen. Hartgesottene Einzelgänger vielleicht, zuverlässig als Partner und unbeirrbar als Feind, abgeklärte Typen, die das Leben kennen und ihr Gefühl hinter lakonischer Härte verbergen. Männer, die ihre Überzeugungen in trockener Ehrlichkeit preisgeben und sprechen, als hätten sie alles schon einmal gesagt. Männer, die in Krimis agieren, als wäre dies schon „der Tag danach", als seien sie schon geschlagen, bevor etwas passiert. Männer, die die

romantische Aura des Außenseiters umgibt.

Don Johnson kann als Schauspieler genug – und ist bereit, dies mit Understatement zu zeigen. Er könnte in Filmen Rollenfiguren mit ganz individueller Gestik verkörpern, die ihn davor bewahrt, in der Psychologie seiner Figuren aufzugehen.

Er sollte die eitle Attitude ablegen, die ihm die Macher von **Miami Vice** in der endlosen Dekadenzphase der Serie auf den Leib schrieben. Er sollte seinen Sex-Appeal nicht wie einen Nerz tragen. Er sollte – den anfänglich grandiosen – Sonny Crockett möglichst schnell vergessen.

Und vor allem sollte er Storys wie diese vergessen, die aus Versatzstücken wie bei einem Kinderbaukasten bestehen, Versatzstücke, die sich Filmbuchhalter ausgedacht haben, um ihr Produkt zu verkaufen. Hier ein bißchen Gefühl, dort ein bißchen Exotik, hier ein bißchen Erotik, dort ein bißchen Gewalt und die dröge Präsentation von Schauwerten, hinter denen alles verschwindet, was Sinn macht.

Die Einzelheiten solcher Geschichten wie in der letzten Folge, „Der letzte Auftrag", sind schon nicht mehr der Rede wert. Obgleich es am Ende tatsächlich noch so etwas wie eine politische Botschaft gibt. Denn Sonny und Rico töten in einem terroristischen Akt den korrupten lateinamerikanischen Präsidenten und werfen dann die Dienstmarken hin. Denn sie haben erfahren, daß alles ein abgekartetes Spiel war und sie nur die Schachfiguren abgaben. Als sie herausbekommen, daß CIA, FBI und örtliche Polizei um des schnöden Machtvorteils willen mit den Drogengangstern paktieren, Leichen in Kauf nehmen und jede Moral vergewaltigen, geben sie endgültig auf.

Ganz am Ende, das bereits, wie Crockett sagt, „überfällig" war: noch einmal die schöne Männerfreundschaft, wenn auch aufdringlich inszeniert. Sonny und Rico in der letzten genüßlichen Großaufnahme. Beim letzten Händedruck, beim letzten Blick in die Augen, mit dem letzten Lächeln. Also, wir hatten 'ne verdammt gute Strecke, stimmt's Partner? Ja, hatten wir! He, wir seh'n uns! Na klar! ●

tel- und langfristig nicht. Die Fernsehserie mit Don Johnson reflektierte das auf ihre eigene Weise – jedesmal fingen Sonny und Rico wieder am selben Punkt von vorne an.

Das „Miami Vice Department" ist die Sitten- und Drogenpolizei der Stadt, die in mehrere Abteilungen zerfällt; vor allem in normale Straßenfahndung und in den „Special Investigation Service", der auf höchster Ebene ermittelt. Drogenpolizei und Morddezernat sind allerdings peinlich genau voneinander getrennt, eine Aufgabenvermischung dieser Unterabteilungen der „Miami Police", wie es die TV-Serie suggeriert, findet im Alltag nicht statt.

Jede Behörde achtet darüber hinaus eifersüchtig auf ihre Autonomie, vor allem die von Miami Beach, jener südlich vorgelagerten Insel in den Mangrovensümpfen, auf der Sonny Crockett und seine Truppe gern agieren – wegen der fotogenen, kalten Pracht von Gärten, Parks und Architektur in dieser Millionärs-Oase. Hier haben die „Miami-Vice"-Agenten aus Miami überhaupt keine Befugnisse, könnten also im doppelten Sinne nur als jene Undercover-Agenten arbeiten, die sie meist darstellen.

Daß die Serie hier von falschen Voraussetzungen ausging, ist einer der wenigen Kritikpunkte, mit denen die realen Polizeibehörden von Miami auf das Fernsehereignis reagierten. Man war im großen und ganzen mit dem Bild einverstanden, das die Macher vom Polizeialltag zeigten. An einem Punkt schieden sich allerdings die Geister: am sportiven Anarchismus der beiden Haupthelden, die agieren, als gäbe es keine Vorgesetzten. No! So sähe es in Miami wirklich nicht aus, beeilten sich die Polizeichefs zu versichern.

Wer hatte das behauptet? Niemand. Fik-

S eit Beginn der achtziger Jahre ist Miami in Florida die heimliche Hauptstadt der USA, allerdings hauptsächlich in negativer Hinsicht. Miami ist die Drogenhauptstadt.

Die Nähe zur Karibik und nach Mittel- und Südamerika macht es möglich. Für die großen Drogenkartelle dieser Regionen ist Miami sozusagen der Heimathafen in den USA geworden. Und in der Metropole selbst schnupfen, spritzen, rauchen, schlucken die Men-

Miami Vice – die Realität

schen, was immer sie bekommen können. Sie spritzen und schlucken in Liberty City, dem Proloviertel – Mickey Rourke wuchs dort auf und behielt sein rüdes Verhalten –, sie schnupfen und rauchen in Coconut Grove, dem schicken Vorort der Snobs. Kokain, Heroin, Shit und die billige Teufelsdroge Crack, auch „Supercoke" genannt, sind Massenware. Deshalb haben Küstenwache, Zollfahndung – und „Miami Vice" kaum eine Chance, jedenfalls mit-

tion im Fernsehen schafft ihre eigene Wahrheit, das ist klar. Niemand fährt nach Miami Beach und will dort mit dem „wirklichen" Sonny Crockett einen Cocktail Margharita schlürfen.

Und wer wollte im Ernst die Tatsache, daß Don Johnson pausenlos in schnellen Sportflitzern unterwegs ist, Ray-Ban-Sonnenbrillen und weiße Armani-Leinenanzüge trägt, auf den Realitätsgehalt hin untersuchen? Jeder weiß, daß Bullen Plattfüße haben – Don Johnson trägt Leinenschuhe, überhöht also die Polizistenrealität sowieso von Anfang an und von Grund auf. Darüber sollte sich bei einer Fernsehserie niemand wundern.

Allerdings: Es wird zu oft geschossen. Über die Bleihaltigkeit der Serie äußerte sich die Polizeibehörde von Miami ebenfalls kritisch. Wer zählt die Patronen, wer riecht den Pulverrauch der 38er? Fernsehen ist Fernsehen.

Als die Serie 1984 im nordamerikanischen Fernsehen gestartet wurde, befürchteten die Stadtväter Schlimmes. Denn in Miami hatte 1980, ausgehend von den Ghettos der Farbigen, der Bürgerkrieg getobt. Darüber hinaus waren Schwerverbrechen der organisierten Gangs an der Tagesordnung. Und die Politiker hatten recht. Denn was die TV-Serie wirklich zeigte, war das Ausmaß an krimineller Energie, die in dieser Stadt heimisch ist.

Aber sie zeigte es auf eine Weise, die unterhaltsam konsumierbar war. Und allmählich trat der umgekehrte Effekt ein. Die Serie spiegelte nicht nur die Stadtrealität auf ihre Weise wider, sondern die Stadt kopierte zunehmend das TV-Ereignis. Tausende von Don Johnsons und Philip Michael Thomas' wurden plötzlich am Ocean Drive, auf dem Biscayne Boulevard, im Bayside Park oder in der Collins Avenue gesichtet – eine Krimiserie renovierte die Metropole und deren Ansehen.

Und eine ganz neue Industrie entstand, die nur noch eins herstellte: pink-, rosa- und türkisfarbene T-Shirts. Daß der findige Hersteller einen Teil seiner hohen Gewinne an Don Johnson abtreten mußte, blieb allerdings ein Gerücht. ●

Mit seinem Sonny Crockett in **Miami Vice** war Johnson zum Superstar geworden. Er hatte die Rolle des Bullen aus Miami derart windschnittig an seine eigene Figur angepaßt, daß im Falle seines Ausfalls niemand anderer den Drogenfahnder hätte spielen können. Don Johnson verschmolz mit Crockett. Es schien, als hätte der Schauspieler sein ganzes Leben lang auf diese Rolle hingelebt – mit allen positiven und bestens vertraut. Ich konnte bei den Dreharbeiten sagen: „So lang geht's und so nicht."

Don Johnson war seine Sorgen los. Die nächsten Jahre konnte er an etwas anderes denken als daran, in staubigen Agenten-Vorzimmern, muffigen Besetzungsbüros oder sterilen TV-Studios um Rollen und Ruhm zu bitten. Er konnte sich zurücklehnen, sich für die Dauer der Dreharbeiten zu den nächsten Staffeln von **Miami Vice** in sein neues schickes Haus auf der Insel Star Island bei Miami zurückziehen, hin und wieder zum Lunch bei irgendeinem exilkubanischen Gangster auf-

Starruhm

auch negativen Begleiterscheinungen. Seine eigene Biographie und das Drehbuch wurden identisch. Natürlich sagte er: „Ich war nie ein Dealer!" Doch er fügte im gleichen Atemzug auch hinzu: „Aber ich kannte in L. A. fast alle und war mit allen Problemen des Dealens tauchen, der zu seinen Bewunderern gehörte, Fanpost beantworten, Seelen- oder auch Körpermassage betreiben. Das Leben war schön.

Auch das Auftreten bei lokalen Wohltätigkeitsfesten, die das Ansehen der Dro-

genmetropole Miami heben sollten, gehörte fortan zu seinen Beschäftigungen. Das wilde Kind aus Galena, Missouri, der ehemalige Drogenkopf, Partylöwe und Sexstar Don Johnson als Repräsentant einer cleanen Stadt am Atlantik – Ironie des Medienschicksals!

Aber Don Johnson ruhte sich nicht nur auf seinen Lorbeeren aus. Neben dem Abdrehen von Werbespots, die eine Menge Dollars einbrachten, kümmerte er sich auch weiterhin um Rollenangebote, die interessant aussahen. Damit versuchte er zu vermeiden, auf eine Typage festgelegt zu werden, die ihm nicht genügte.

Nach dem Ende der ersten Saison von **Miami Vice** nahm Johnson deshalb ein Angebot an, in der TV-Produktion der NBC mit dem Titel **The Long Hot Summer** (Der lange, heiße Sommer/ Flammender Sommer) eine Hauptrolle zu übernehmen. Dabei handelte es sich um ein Remake eines erfolgreichen Stoffes von William Faulkner, der bereits 1958 von Martin Ritt verfilmt worden war. Da-

mals hatte Paul Newman die Rolle des Filous Ben Quick gespielt, der Feuer in die kalte Asche eines Südsaaten-Clans bringt.

An der Seite von Jason Robards, Judith Ivey, Ava Gardner und Cybill Shepherd lieferte Don Johnson eine Darstellung, die alle Erwartungen erfüllte. Zwar gelang es der Produktion insgesamt nicht, die Urfassung vergessen zu machen, doch das Spiel der Darsteller überzeugte die Kritiker.

Don Johnson polsterte sich die Zeit der Dreharbeiten im hitzeüberfluteten Marshall in Texas mit den angenehmen Seiten des Komforts aus. Und tröstete sich damit, daß seine Lebensgefährtin Patti und der gemeinsame Sohn Jesse des öfteren einflogen. Im Gegensatz zu anderen Mitgliedern des Teams, die dem Streß nicht standhielten, gelang es Johnson, das Beste aus der Situation zu machen.

Der neue Superstar konnte sich nach Beendigung der Dreharbeiten auch um die Fortsetzung seiner zweiten Karriere, der musikalischen, kümmern. Einen Meilenstein auf die-

sem Weg bildete zweifellos die Einladung des Rockmusikers und Organisators Bob Geldof, der das gigantische Musikspektakel „Live Aid" zugunsten der Welthungerhilfe in London und New York gestartet hatte. Über Satellit nahm praktisch die gesamte zivilisierte Welt an diesem Ereignis teil und sah auch Don Johnson in einem Live-Act auf der Bühne.

Ein musikalischer Förderer, zumindest ideeller Art, war ohne Zweifel der Rockmusiker und Komponist Jan Hammer, der die Musik für jede einzelne Folge von **Miami Vice** schrieb. Der Exil-Tschechoslowake mit Wohnsitz im Staate New York regte sowohl Don Johnson zu einer Solo-Karriere an als auch Philip Michael Thomas, der daraufhin 1985 seine LP „Living The Book Of My Life" herausbrachte (Kommentar im ROLLING STONE: „Nette Stimme. Musikalischer Geschmack: gleich Null").

Zum musikalischen Debüt seines Kumpels aus **Miami Vice** ließ Don Johnson verlauten: „Ich war sehr enttäuscht von Philip. Weil – er hat zwar eine wirklich schöne Stimme, aber er wollte zuviel. Er wollte die Platte schreiben, produzieren, einfach alles. Der Sound ist zwar o.k. für einen TV-Seriendarsteller, aber nicht gut genug für einen selbständigen Musiker. Er hätte seine Grenzen kennen sollen."

Don Johnson brannte darauf, es besser zu machen. So bedeutete es für den Filmstar eine Genugtuung, als Ende 1985 die Produktionsfirma „Epic Records" an ihn mit der Aufforderung herantrat, eine Solo-LP zu produzieren. Don war glücklich, zog sich mit seiner Gitarre und kompetenten Musikern – mit dabei war unter anderem der inzwischen verstorbene Texas-Gitarrist Stevie Ray Vaughn – in das „Criteria Studio" in Miami zurück und ging an die Arbeit.

Heraus kam Anfang 1986 eine Platte, die in der Tradition von Phil Collins, den Johnson verehrt, eine Mischung aus Pop, Blues, Country und Rock darstellt. Don gab ihr den Titel „Heartbeat" und durfte erleben, daß sein musikalisches Werk mit den zehn heißen und auch soften Nummern eine Million Mal verkauft werden konnte. Allein in Deutschland wurden 300 000 Scheiben abgesetzt.

Doch das war noch nicht alles. Die große Produktionsfirma CBS/Fox brachte ein Jahr später, also 1987, ein Video von „Heartbeat" heraus. Don Johnson als Rockstar, dessen zehn eigene, durch überleitende Keybordkompositionen verbundene Musiktitel, mit ihm in der Hauptrolle von Regisseur John Nicolella als Film inszeniert werden - ein Videoereignis. ●

n der ersten Sequenz sehen wir Don Johnson als Fotoreporter durch ein mittelamerikanisches Land hetzen. Er ist offensichtlich auf der Suche nach der politischen Wahrheit in einer Diktatur. Zu einer Musik von Eric Kaz und Wendy Waldman, die einer instrumentalen Fassung ihres Stücks „Heartbeat" entspricht und mit elektrischen Gitarren, Percussion und viel Beat arbeitet, einer Musik, die in der Mitte zwischen Gerry Rafferty und Jan Hammer angelegt ist, versteckt sich unser Mann im Wagen von einem imaginären „Grünen Kreuz", der ihn durch martialische Militärposten schmuggelt.

In einem Dorf mit einheimischen Guerillakriegern schießt dieser Mann unbehelligt seine Bilder, entdeckt eine wunderhübsche dunkelblonde junge Frau und muß sich bei einem Bombenangriff des reaktionären Feindes verstecken, der mit Kampfhubschraubern herandonnert und alles – im eigenen Land – in Schutt und Asche legt.

meln, elegische Gitarrenakkorde verklingen leise, ein Synthesizer setzt noch einen grundierenden Akkord.

In der zweiten Sequenz scheint sich Don Johnson – im gleichen Outfit, nur ohne Kamera – an sein früheres Leben zu erinnern. Der Fotograf geht mit einem Stab von Mitarbeitern durch ein Farbigen-Ghetto, gibt Anweisungen, postiert seine Objekte, dirigiert seine Modelle, verhält sich ganz wie der Kameramann, der eine Chefsache zu erledigen hat.

Die Szene ist irreal. Zum Teil deshalb, weil der inzwischen tote Fotograf sich erinnert, zum Teil auch deshalb, weil der noch lebende Fotograf sie makaber inszeniert. Dieser Künstler will für seine Aufnahmen echtes Blut, Gewalt, Unfälle, Feuer und Flammen. Einen inszenierten Bürgerkrieg für nichts als den Verkauf irgendwelcher schönen Bilder und harten Produkte.

Der erste Song dazu: „Streetwise". Die Musik ein kompromißloser Gitarrensound von Ste-

Heartbeat

Die politische Position, die Don Johnson in dieser Episode einnimmt, ist eindeutig die der - allerdings nicht lokalisierten – Volksbefreiungsarmee im Kampf gegen eine korrupte Militärregierung in einem beliebigen „Bananenstaat" Mittelamerikas. Don Johnsons Aktionen in diesen Sequenzen sind noch spekulativ an seinem Sonny Crockett in **Miami Vice** orientiert, nur hat er jetzt nicht die Knarre, sondern das Teleobjektiv in den Händen.

Von Granatsplittern bei dem Versuch getötet, einen Jungen zu retten, „erwacht" unser Held zu sphärischen Klängen vom elektronischen Synthesizer in einem grotesken Jenseits wieder, in dem das, was vorher dunkel war, nun hell ist und umgekehrt. Er ist tot, und das kommt ihm nach einem seltsamen Ballett von Krankenpflegern und Ärzten auch zum Bewußtsein. Er hat sein Leben für den Befreiungskampf – oder präziser gesagt: für spekulative Fotos davon – gelassen und liegt nun mit starrem Blick, zärtlich umfangen von einer Guerilla-Schönen, auf der Bahre. Eine dekorativ hingeschminkte Kopfwunde ziert sein gelöstes, von einem Dreitagebart akzentuiertes Gesicht, im Hintergrund lärmen Trom-

vie Ray Vaughn, sehr melodisch in der Linienführung noch dazu, und der Text, der von Johnson stammt und von ihm gesungen wird, handelt von einer seltsamen, gewalttätigen Straßenszenerie in einem fremden Ghetto, in dem ein schönes, geheimnisvolles Mädchen auftaucht und wieder verschwindet.

Danach sehen wir wieder Don Johnson im Khaki-T-Shirt, dessen obere Knöpfe offen sind, in grüner Armeeweste und bequemer Flanellhose mit breitem Bund auf der Straße bei seinen Apparaturen. Er will fotografieren, erblickt jedoch plötzlich eine blonde Frau mit einem Kind auf dem Arm, die vor einer geöffneten Autotür steht. Er verharrt und erstarrt, phantasiert sein eigenes Kind, seine eigene Frau, blickt hinüber. Klavierakkorde setzen ein, Johnsons Stimme hebt weich ab, und während er seinen Song singt, sehen wir ihn in offenbar glücklicheren Tagen mit seiner Frau an einem Fenster in einer zärtlichen Umarmung.

Dann, im zweiten Song, „Can't Take Your Memory", zum erstenmal Don Johnson im Bild als Sänger. Am Klavier. Ganz in Weiß. Ein Liebeslied, sehr romantisch. Danach folgen wieder Szenen einer Ehe, einer Kleinfamilie, unterbrochen von nebensächlichen Details, die zur Hauptsache werden; eine sich drehende Colaflasche, Kinder beim Spielen, lachende und nachdenkliche Gesichter, Johnson als Sänger, viel Weiß, viel Licht, viel Strahlenkranz um ein Paar, das sich liebt, streitet, haßt. Viel softer, musikalischer Aufwand um Gefühle, mit Timbre gesungen, am Klavier dezent angeschlagen, solo.

Die vierte Sequenz führt uns zurück ins Jenseits zu unserem Helden mit der Kopfwunde. Nebelschwaden um ihn herum verhindern den Durchblick in die Hintergründe dieser seltsamen Zwischenreiche. Die Phantasie des Mannes, der soeben gestorben ist, geht weiter. Gestalten tauchen auf und verschwinden, Sphärenmusik ertönt, seltsame, unbekannte Charaktere nisten sich vor seinen Blicken ein, er wird aufgefordert, einen Weg ins Unbekannte zu gehen. Man sitzt an einer Tafel mit Gästen. Zwei rote Würfel rollen, und dann geht die Post ab ...

Das dritte Stück („Love Roulette"), Westcoast-Rock und dazu Johnsons rauchige Country-Stimme sowie immer wieder, wie in einem Videospot, Frauengestalten, die den Helden sein Leben lang begleitet haben. Junge, schöne Frauen mit verführerischen Posen, starke, mütterliche Frauen, vor denen der Mann wieder zum Jungen wird. Bläsereinsatz zu Barszenen, ein Würfelspiel im geheimen, Kinderspiele, Sieger und Verlierer, Sex, Straßenszenen, Eheszenen am Fenster, nackte Haut, Hubschraubereinsätze, zwei Sechser im Würfeleinsatz, Blicke, Gesten, Gefühle, Geld. Ein verführerisches, schnelles und auch richtungsloses Leben, das keinen Mittelpunkt zu haben scheint – nur diese Rockmusik, die mit präzisem Beat alles zusammenhält, was auseinanderstreben will.

Wieder ein Übergang von einem Stück zum anderen. Synthesizer erzeugen ihre elegische Musik, und der Szenenraffer verbindet Disparates.

Die vierte Nummer („Star Tonight") beginnt mit federnden Schlagzeugakkorden und einer akustischen Gitarre. Wir sehen, wie sich eine blonde, großgewachsene junge Frau auf einer Theaterbühne bewegt. Ein Scheinwerferlicht bestrahlt sie von hinten, sie bewegt sich wie in Trance, lustvoll verzückt. Don Johnson singt im Duett mit Bob Seeger, der die Nummer auch schrieb, währenddessen fabriziert die unbekannte Schöne Spagatsprünge und probiert neue Schuhe an. Das Stück endet mit pulsierenden Schlagzeugakkorden

und einer weichen Kadenz mit Johnsons einschmeichelnder Stimme.

Der nächste Übergang wird von einer Szene markiert, in der mehrere Gestalten, die vorher eine Rolle spielten, in Johnsons Zwischentotenreich auftauchen, herumspringen und mit Drohgebärden versuchen, den Verstorbenen an sein Leben zu erinnern, das unwiderruflich dahin ist.

Die fünfte Nummer („The Last Sound Love Makes") beginnt mit dem Mord an einer Frau, die unserem Helden schon in der Nummer „Streetwise" gefiel - die schöne Unbekannte von der Straße. Sie fällt einem Messerstecher zum Opfer und erscheint als Lady in Weiß in der Welt des Toten. Szenen eines Bürgerkriegs auf der Straße in Schwarzweiß begleiten das Geschehen, immer wieder Kampf, Blut, Dramen und Tragödien - die Themen von Don Johnsons Texten zum harten Beat seiner Musik. Kein Wunder, daß immer mehr Menschen oder Geister im Totenreich des Helden Platz nehmen. Und unser Held sieht aus der Distanz, dann wieder in unmittelbarer Nähe, gelassen oder betroffen zu, wie sich die Rassen dezimieren.

Zu Beginn der sechsten Nummer füllt der frustrierte Schrei unseres Sängers, der den Verlust eines Ermordeten beklagt, die Szene. Die Bilder färben sich blutrot, kein Friede in Sicht, immer dieser Schmerz, und der Sänger intoniert „Back on the street ...", aber das ist ein Wunschtraum, den ein Toter träumt, auch wenn Don Johnson jetzt wieder als Sänger zu sehen ist, der direkt in die Kamera singt. Seine Stoppelfrisur steht ihm ebensogut wie die Lederjacke und der Dreitagebart – in einer Inszenierung, die ihn absolut in den Mittelpunkt stellt und seine Popbotschaften aufwendig und wirkungsvoll visualisiert.

Musikalisch ist dieses Stück am eindrucksvollsten, nicht zuletzt, weil Texas-Gitarrist Stevie Ray Vaughn dabei mitwirkt, seine metallischen Attacken setzen Marken, die sich wie Herzschläge in die Bilder eingraben. „Take the heartache away", wünscht sich unser Sänger bei der Erinnerung an die vielen Toten, die er in seinem Leben gesehen hat, und an die Kopfschmerzen, die unglückliche Paare in sinnlosen Beziehungsstreitereien durchlebten.

Gewalt auch im zivilen Alltag, im Schlafzimmer, auf den Behörden, den Straßen, im privatesten Bereich. Waffen spielen immer eine Rolle, die Bereitschaft, Blut zu vergießen, ist groß. Unser Held, angestrahlt von knallgelben Spots, begibt sich erneut auf die Straße und zeigt sich entsetzt angesichts der Bürgerkriegsszenen, in denen jeder gegen jeden ein zweifelhaftes Recht erkämpft. „Gotta Get Away!" heißt das nächste, das siebte Stück, ein Song mit besonders dynamischen Beat, vorherrschendem Schlagzeug und alarmierenden Gitarrenriffs. Wir sehen eine Orgie von Orientierungslosigkeit herumirrender Menschen, nackteste Gewalt, grelle Effekte - das kürzeste und actionhaltigste Stück der Rockmusik, die uns dieses Video bietet.

Danach erhebt sich der Tote in seinem Zwischenreich, schaut auf sich, auf seine liegengebliebene Leiche herab, träumt sich ein anderes Alter und eine andere Zeit, erinnert sich an die Zukunft und spekuliert über die Vergangenheit – ein Zeitkarussell der besonderen Art, in dem er schließlich selbst als greiser, weißhaariger Mann erscheint, in einem Raum sitzend, der an die Schlußsequenzen von Stanley Kubricks **2001 – Odyssee im Weltraum** (2001: A Space Odyssey, 1968) erinnert. Mit weißer Perücke sieht Don Johnson aus wie Mozart, der in seinem Köchelverzeichnis blättert, in Wirklichkeit aber in einem Album, aus dem jetzt die Fotos herausspringen, lebendig geworden von seiner Phantasie, Gestalt gewordene Erinnerung an ein Leben vor dem Tod.

Die achte Nummer, „Lost In Your Eyes", Rockmusik der elegischen, wenn auch rhythmischen Art, mit viel Schlagzeug und Keyboard und einer pointierenden, heiseren Stimme, die glücklichere Zeiten beschwört. Dazu schöne Bilder mit dem Weichzeichner, Alltagsleben mit Freunden und Familie im tiefen Süden, mit Tafelfreuden, Angelfreuden, Liebesfreuden, Tanzfreuden und Ausblicken auf die Zukunft, die unser Toter aus seiner Position heraus allerdings nur erneut erinnern kann. Abblende.

Die nächste Sequenz. Eine Rockelegie geht weiter. Flirrende Töne am Synthesizer als Übergangsritual, unser Mann erhebt sich mit all seinen Wunden von einem Militärlager, einen Moment lang im Glauben, überlebt zu haben. Und schließlich geht er auch, findet seine Kamera wieder, nimmt seine Arbeit wieder auf, fotografiert seinen jungen Freund und Helfer vom „Grünen Kreuz", steigt in den Jeep, fährt weiter, eine „Pan Am" bringt ihn in die Heimat zurück, dorthin, wo der Guerillakrieg im Zivilleben tobt, im Rassen- und Klassenkonflikt der Metropolen.

Die Musik des nächsten Stückes („Voice On A Hotline") harmonisiert dies. Eine gespielte Saxophonlinie, ein sanfter Rhythmus, eine einschmeichelnde Stimme, Don Johnson singend im Bild, eine „hotline" beschwörend, die aus Sex, Erotik, Liebe und Glück besteht, endlich einmal ohne die zermürbenden Gefechte der Bürgerkriegsparteien. Dafür weichgezeichnete Liebesszenen zwischen Ehemann und Ehefrau in einem Clinch, der mehr Lust als Leid bringt. Die heiße Linie symbolisierend, die zwischen zwei Körpern und Köpfen bestehen kann.

Die zehnte Nummer, intoniert von Dweezil Zappas elektrisierendem Gitarrensound. Don Johnson wieder als Fotoreporter auf den Straßen, bei einer Demonstration, die gewaltsam auswuchert. „Heartbeat! I'm looking for the heartbeat ...", auf der Suche nach dem Herzschlag des Lebens, auch des eigenen. Eine besonders schöne Nummer (die Titelnummer), die Don Johnson auch wieder als Sänger zeigt, diesmal mit seiner Band. Schwarz gekleidet, beherrscht, im strengen Rhythmus des Stücks auf der Bühne – Don Johnson, der Beschwörer schlechter Zeiten, deren Herzschläge allzulaut sind. Rhythm and Blues im Blut, Herzschlag mit zuviel Sehnsucht, Akkorde mit zuviel Angst vor Gewalt, elektrisierend im peitschenden Rhythmus, langsam ersterbend, melodisch auslaufend. Aus.

Das Video, inszeniert von John Nicolella, der auch ausführender Produzent war, ebenso wie Don Johnson und Danny Goldberg, produziert von Bill Brigode, geschrieben von Gil Evans, Francis Delia und Don Johnson, Besetzung von Bonnie Timmerman. Darsteller waren: Don Johnson, Maria Johnson, Paul Shaffer, Giancarlo Esposito, Angela Alvarado, Lori Singer, Chadd Phinney, Sandahl Bergman, David Carradine, Luzi Guzman, Willie Nelson. Fotografiert von Tony Mitchell, geschnitten von Tom McQuade, ausgestattet von Michael Z. Hanan, choreographiert von Sarah Elgart.

Don Johnsons Band: Mark Leonard, Charles Judge, Lenny Pickett, Dweezil Zappa, Curly Smith, Tamara Champlin, Earl Gardner, Moon Zappa. Und als Gäste: Ron Wood, Tom Petty, Bob Seeger, Willie Nelson und vor allem Dons besonderer Spezie Stevie Ray Vaughn. „Stevie Ray ist schon allein ein Trip", sagte Don Johnson einmal, „ich kenne niemanden, der seine Gitarre so bearbeitet wie er. Er spielt elektrisierender und auch lauter als Keith Richards – und der spielt verdammt laut."

Die einzelnen Stücke: „Heartbeat", von Eric Kaz und Wendy Waldman; „Voice On A Hotline", von Kathy Wakefield und Bill Labounty; „The Last Sound Love Makes", von Tony

Sciuto, Sam Egorin und John Capek; „Lost In Your Eyes", von Tom Petty; „Streetwise", von Don Johnson, Dickey Betts and The Band; „Heartache Away", von Steve Cochran; „Love Roulette", von Don Johnson und Mark Leonard; „Star Tonight", von Bob Seeger; „Gotta Get Away", von Chas Sanford; „Can't Take Your Memory", von Don Johnson und Curly Smith – alle zehn Stücke befinden sich auf dem Album „Heartbeat", das Don Johnson singt und Chas Sanford im „Criteria Studio" produzierte. Allesamt Nummern, die sich zwischen smartem Pop („The Last Sound Love Makes"), rockigen Kostbarkeiten („Lost In Your Eyes"), Elton-John-Hommages („Can't Take Your Memory") und Steigerungen des Neil-Young-Sounds („Star Tonight") bewegen. Die Platte verbindet mehrere Musikstile zu einer kompletten Einheit. ●

Don Johnsons Karriere als Rockmusiker kam 1986 mit seinem Album „Heartbeat" in Gang, von dem ein Jahr später ein aufwendiges Videoband produziert wurde.

Dieser Beweis seiner musikalischen Kreativität ermutigte Don Johnson. Er machte auch als Rockmusiker weiter, gab Live-Konzerte, komponierte, spielte in den besten Studios des Landes neue Stücke ein. Heraus kam dabei eine zweite LP, die 1989 mit dem Titel „Let It Roll" Furore machte. In einer von insgesamt zehn Nummern mit dem Titel „Little Ones Lullabay" sang er zusammen mit Sohn Jesse. Wieder stürmte der Johnson-Rock die Hitlisten. Der Songschreiber, Sänger und Gitarrist Don Johnson hatte sich auf dem Musikmarkt etabliert. Eine große Europa-Tournee im Jahr 1989 machte dies auch den hiesigen Kritikern klar.

Dies alles war natürlich kein Zufall. Es wur-

Aber er besaß natürlich keine Band, er mußte sich gute Saison-Musiker besorgen. Er nutzte dies zum Vorteil. Im Musikproduzenten Danny Goldberg fand er einen interessierten Förderer, der wieder brachte den Texter, Gitarristen und Studioproduzenten Chas Sandford ins Spiel, der zum Beispiel für Stevie Nicks Hits geschrieben hatte.

Don Johnson selbst wählte einige der Bandmitglieder aus seinem persönlichen Bekanntenkreis aus, unter anderen auch die Vokalistin Bonnie Raitt, die er beim New Orleans Jazzfestival kennengelernt hatte. Dazu erzählte er einem Zeitungsreporter folgende Geschichte: „Ich sah Bonnie auf einem Deltadampfer auftreten, plötzlich schrie sie: ,Er ist es!' Ich drehte mich um, um zu sehen, wen sie hinter mir meinte, aber sie schrie wieder:

Vom Chorknaben zum Rockstar

de schon davon erzählt, wie der Farmersjunge Don Wayne Johnson jeden Sonntag im Kirchenchor der baptistischen Gemeinde seines Geburtsortes sang, wie er nach dem Stimmbruch als Heranwachsender mit seinem hellen Bariton bei einer Schüleraufführung der „West Side Story" sein Bühnendebüt gab. Die Musikszene hatte ihn in der Folgezeit nie losgelassen. Johnson war, wie bereits erwähnt, mit Musikern aus der allerersten Rockgarnitur bekannt und befreundet. Für das Konzertprogramm der legendären Allman Brothers – mit denen er oft auf Tour ging – hat er immer wieder Texte beigesteuert (zum Beispiel für die Hits „Blind Love" und „Can't Take It With You" von der LP „Enlightened Rogues"). Musik lag und liegt ihm im Blut.

Den Gitarristen Dickey Betts von den Allman Brothers hatte er bei den Dreharbeiten zu dem Film **Wild Drivers** kennengelernt, als dieser den gelben 57er Chevy, in dem Johnson mit Nick Nolte saß, auf der Straße gefährlich schnitt. Später sah er Betts in einer Kneipe in Macon wieder und spendierte ihm ein Bier. Sie wurden Freunde fürs Leben. Das gleiche läßt sich von Johnson und Stone-Gitarrist Ron Wood sagen.

Don Johnson kannte also die Rockszene und hatte, ob er es wußte oder nicht, jahrelang daraufhin gelebt, selbst einmal aus ihrem Schatten zu treten, nicht nur über Musik zu reden, sondern ein Rockstar zu werden.

,Nein, dich meine ich, Dummkopf!' Dann stellte sie mich ihren Bandmitgliedern vor, sie sagte: ,Das ist der Typ von Vice' (dem Drogendezernat von Miami, B.S.). Und die ganze Band warf sofort ihren gesamten Besitzstand an Drogen aus dem Fenster. Bonnie sagte: ,Was macht ihr Idioten denn – er ist doch nur der Bursche von **Miami Vice** aus dem Fernsehen!'"

Das ist das Schöne an einem Star wie Don Johnson: Ihm fällt zu jeder Stufe seines Lebens eine Anekdote ein, ein Erlebnis, das ihm Spaß gemacht hat.

Im Jahr 1988 gab es für Don Johnson einen weiteren Grund zur Freude. Er bekam, noch während die Serie **Miami Vice** über die Bildschirme ging, eine attraktive Filmrolle angeboten. **Sweet Hearts Dance – Liebe ist mehr als ein Wort** (Sweet Hearts Dance, 1988) hieß der Streifen. Er erzählt die Geschichte zweier Liebes- beziehungsweise Ehepaare in einem verschlafenen Nest in Maine. In der unterhaltsamen Komödie spielte Johnson an der Seite von Susan Sarandon einen einfachen Mann, gewissermaßen den Handwerker und Fahrer des Ortes. Regie führte der vom Fernsehen her bekannte Robert Greenwald. Johnsons Wiley Boon ist eine unspektakuläre, stille Rolle. Aber eine, in der seine schauspielerische Verwandlungsfähigkeit, gerade vor dem Hintergrund seines Sonny Crockett, erstaunlich gut zur Geltung kommt. ●

Don und Melanie bei der Verleihung des „Academy Awards" für *Die Waffen der Frauen* im Jahr 1989.

Noch während die Titel von **Sweet Hearts Dance – Liebe ist mehr als ein Wort** laufen, steigen er und sein Freund in einer Parallelmontage jeweils in ein Auto. Er hat einen Lieferwa-

Denn Don Johnson bleibt vorerst unter seiner Halloween-Maske. Dafür entfaltet er sein komisches Talent in einer Rolle, die einiges an komischer Aktion verlangt. Aus schierem Übermut bewirft er einen Polizeiwagen mit Eiern, schließlich ist Halloween ein Tag zum Feiern, und danach muß er das Auto seines Kumpels

Wiley Boon: Auf der Suche nach sich selbst

gen, Sam Manners, gespielt von Jeff Daniels, einen roten Rennflitzer. Er sieht ländlich proletarisch aus, was er mit knappen Andeutungen umreißt. Wir sind ganz tief in der Provinz von Maine. Außerdem ist Halloween, und deshalb zieht sich dieser Mann eine furchterregende Gorillamaske auf und erschreckt seine beiden Kinder. Dann tollt er mit ihnen herum und verwächst beinahe mit ihnen. Als Vater ist er ein Hit, als Ehemann auch?

Die Frage bleibt vorerst unbeantwortet.

aus einem See fischen, in den sein eigener Sohn es fuhr. Kurz darauf entblößt er sein Hinterteil und zeigt damit der Welt, was er von ihr hält.

Der Glamourstar Don Johnson in einer alles andere als glamourösen, vielmehr einfachen, komischen, jedoch zur charakterlichen Darstellung hervorragend geeigneten Rolle. Johnson ergreift die Chance, die sich ihm bietet.

Die nächste Episode spielt am „Tag der

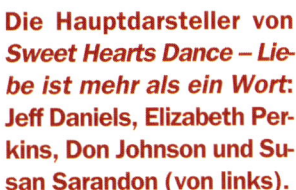

Die Hauptdarsteller von *Sweet Hearts Dance – Liebe ist mehr als ein Wort*: Jeff Daniels, Elizabeth Perkins, Don Johnson und Susan Sarandon (von links).

Veteranen". Die Provinz feiert das auf ihre Weise, mit Fahnenschwenken, Blasmusik, Coke und immer wieder mit Hot dogs.

Johnson ist mit von der Partie, er organisiert den Aufmarsch seiner Kinder. Man sieht ihm erneut sogleich den Handwerker und Mann aus dem Volk an. Er packt an, räumt auf, handelt. Im Jeansanzug, mit Baseballmütze und Wildlederstiefeln stapft er durch die Turnhalle des Ortes, um den Dreck für die späteren Jubelfeiern wegzuräumen.

Wiley Boon alias Don Johnson ist ein praktisch veranlagter Mann. Vielleicht geht er mit Handarbeit auch seinen Ehekrisen aus dem Weg, von denen der Film in feinen Andeutungen berichtet.

Der erste Frost kommt. Und schon wieder hat unser Mann den Plan zu einer Bastelei in der Hand, zimmert das Modell eines Hauses für seine Kinder, setzt sich die Mütze verkehrt herum auf und gestikuliert aufgekratzt. Eine Frohnatur mit etwas zu unordentlichen Haaren, um spießig zu wirken, ein Mann aus dem Volk und vom Land, der mit einer kleinen, rebellischen Attitüde ausgestattet zu sein

scheint. Doch wo äußert sie sich?

Nicht im Moment, denn jetzt sitzt er mit seiner Frau im Wohnzimmer und sieht sich das Fotoalbum an, seufzend konstatiert er das Vergehen der Jahre, wie ein kleiner Junge, schmal in seinen Jeansklamotten, hockt er da, klappt das Album schließlich zu und geht brav zu Bett.

Ein ganz normaler, kleiner Mann, wenn auch eine wilde Tätowierung seinen rechten Oberarm ziert – was für eine Erholung für Don Johnson, der sich so oft an spektakulären Rollen versuchte. Und doch mißt ihn der Zuschauer an diesen Rollen, vergleicht in jeder Szene den Abstand, den der Schauspieler inzwischen etwa von seinem Sonny Crockett besitzt.

Der Vergleich fällt vorteilhaft und negativ zugleich aus. Es ist angenehm zu erleben, daß Don Johnson ein sehr guter Schauspieler geworden ist, der jetzt als Wiley Boon am Rand eines Eislochs hockt, in das er fiel, und erbärmlich friert. Andererseits könnte diesen Part jeder gute Schauspieler spielen, aber den Sonny Crockett verkörperte nur Don Johnson.

Wiley Boon mit Ehefrau (Susan Sarandon).

Dies ist der Unterschied zwischen einem Darsteller – mag er noch so gut sein – und einem Star. Jeder Zuschauer wird sich aussuchen, wen er lieber sehen möchte.

In diesem schlichten, wenn auch sehr schönen und handwerklich genauen Film von Robert Greenwald zeigt sich der gereifte Don Johnson als Schauspieler, der in seine Rolle schlüpft und darin so vollkommen verschwindet, als gäbe es den Superstar nicht. Er sitzt am Thanksgiving Day im Kreis seiner Familie am Tisch und ist nur einer von vielen, angetan mit den gleichen grau-braunen Grundfarben und Erdfarben, die den ganzen Film auszeichnen, nicht hervorgehoben und nicht zurückgedrängt. Es gibt keine Stars in diesem Lichtspiel – die Hauptattraktion ist eigentlich das Milieu, in dem es spielt, die Provinz von Maine.

Weihnachten kommt. Und Wiley schafft weiter auf der Baustelle in der Turnhalle. Don Johnson stiefelt durch den Arbeitsalltag und erlaubt sich keine romantischen Gefühle.

Mürrisch mampft er ein Weihnachts-Muffin und stelzt weiter. Dieser Charakter versteckt sich zunehmend hinter sich selbst.

Don Johnson spielt seine Rolle mit der Kör-perspache eines Mannes, der es gewohnt ist, sich körperlich auszudrücken. Er geht auf schweren Beinen, läßt die muskulösen Arme hängen oder rudert mit ihnen herum, ist zwar agil, aber auch irgendwie kompakt. Er bewegt sich wie ein Mann, der zupacken kann und sich mit Muskelkraft vorwärtsbewegt, nicht aus einem Einfall des Kopfes heraus. Gleichzeitig wirkt er klug und sensibel genug auch für feine Vorgänge, den proletarischen Habitus überzeichnet dieser Mann, um sich hinter praktikablen Dingen zu verstecken.

Don Johnson spielt das perfekt. Immer aus der Hüfte heraus, leicht gebückt, weil schon der nächste Ballen am Boden darauf wartet, aufgehoben zu werden, muskulös. Dadurch sieht er schwerer, gedrungener aus, als er ist, hat alle Leichtigkeit verloren, ist nicht elegant, seine Aura beschränkt sich auf handwerkliche und kleinbürgerliche Solidität.

Auch Silvester bringt keine Veränderung für Wiley, der sich nach Thanksgiving von seiner Frau und seiner Familie getrennt hat. Eine tiefgreifende Unzufriedenheit sitzt in ihm drin und lähmt ihn nachhaltig. Er spricht immer weniger. Er trinkt zehn weitere Biere. Er kommt nicht raus aus seiner Haut.

Aber er versucht es schon. Angestrengt, unbeholfen, wieder resignierend, mit seinen Mitteln, die große Gefühle nicht zulassen. Und eines Tages, der Film beschreibt ihn mit „Open House", gelingt ihm die erste Annäherung an seine Familie, damit an sich, an seine früheren Verhältnisse.

Wieder packt er zu, er ist so etwas wie der ständig beschäftigte Handwerker des Ortes, ein Mann für alle Fälle. Ohne daß er etwas tut, äußert er sich nicht zur Sache. Man muß ihn, um etwas aus ihm herauszukriegen, bei einer Arbeit erwischen. Das schafft eine Zuverlässigkeit der besonderen Art. Dies ist kein Mann der großen Aufschwünge, aber einer, der keinen Moment lang den Boden unter den Füßen verliert. Die Krisen, die er durchsteht, sind notwendige Krisen eines gelebten Lebens. Für jemanden, der sich zu sich selbst durcharbeiten will.

Dabei hilft ihm manchmal ein wenig der Flachmann mit dem besonderen Stoff, der seine rauhe Kehle schmirgelt. Er teilt ihn mit seinem Freund Sam. Auch kleine Reisen und Ausbrüche helfen dabei. Einmal die Provinz verlassen, zusammen mit seiner Ehefrau, mit der er sich allerdings noch nicht versöhnt hat,

wegfahren, am Meer im Sonnenschein ankommen, auf einem Segelboot faulenzen, bei der nächtlichen Swimmingpool-Party auftanken – im Massentourismus, aber immerhin.

Während dieses Urlaubs kommt sich das Ehepaar wieder näher. Der Film erzählt das mit größtmöglicher Authentizität. Don Johnson als Wiley Boon arbeitet daran, seine Gefühle zu begreifen. Er macht es sich nicht leicht. Und schließlich kommt er wieder zu Hause an. Seine Haare sind nachgewachsen, er richtet sich kurzfristig in einem Baumhaus ein. Er macht eine Liebeserklärung, aus der Krone des Baumes heraus sprechend. Das muß schon sein. Er muß die Dinge spüren, sich gewissermaßen an der Materie wetzen.

Es geht weiter. Es geht in diesem Film wie im richtigen Leben immer weiter. Der Film könnte die Länge eines Lebens besitzen, so sehr schmiegt er sich an die Verhältnisse an, von denen er erzählt. Aber plötzlich geht er doch zu Ende. ●

m Jahr nach diesem Film, wir schreiben 1989, heiratet Don Johnson wieder. Und erneut ist Melanie Griffith die Auserwählte. Die Liebesbeziehung zu Patti ist bereits vor einiger Zeit zerbrochen, die beiden sind allerdings weiterhin befreundet. Don Johnson und Melanie Griffith haben nach dem ersten Versuch, der, wie schon gesagt, fünf Monate und sechzehn Tage währte, viele Jahre Zeit gehabt, über sich und ihre Beziehung nachzudenken. Jetzt kommen die beiden zu dem Schluß, es noch einmal miteinander versuchen zu wollen. Entscheidend dabei sind auch ihre gemeinsamen Drogenerfahrungen. Melanie ist nach einer Entziehungskur ebenso „trocken" wie Don seit sechs Jahren. Hollywood drückt ihnen die Daumen.

Und die Sensationspresse schreit auf. War da nicht eben noch eine heiße Liaison mit Barbra Streisand, die Don gerade den wunderschönen Liebessong „Till I Loved You" geschrieben hat, den beide auf einer Single-Plat-

Melanie Griffith sagte in einem Interview: „Ich bin eine leidenschaftliche Schauspielerin, aber meine Familie geht von jetzt an immer vor. Es gibt nichts Schöneres für mich, als mit Don, Dakota, Jesse und Alexander zu Hause zu sein."

Vielleicht ergibt sich ja trotz dieser Häuslichkeit auch ein weiterer gemeinsamer Auftritt vor der Filmkamera! Dreimal stellten sie sich bereits dem kritischen Auge des Apparates; erstmals für die **Miami-Vice**-Folge „Gefährliche Freundin", zum zweiten für den Film **Sommerparadies** und und dann für den Streifen **Born Yesterday**.

In den letzten Jahren war es vor allem Melanie Griffith, die im Kinogeschäft, zum Beispiel mit den Welterfolgen **Die Waffen der Frauen** (Working Girls, 1988) und **Fegefeuer der Eitelkeiten** (The Bonfire of Vanities, 1990), Erfolg gehabt hat. Nach Beendigung der Serie **Miami Vice**, die in den USA mit dem Jahr 1989 und im deutschen Fernsehen im Herbst 1992 auslief, machte sich jedoch auch Don

Bindungen fürs Leben

● ●

te singen? Die Beziehung ist seit Sommer 1988 beendet, sagt Don Johnson auf Anfrage; was bleibt, ist eine liebevolle Freundschaft zwischen einer emanzipierten Frau und einem lebenserfahrenen Mann.

Also gut. Was vorbei ist, ist vorbei. Auch Melanie Griffith vertritt diese Meinung und gibt sich nicht eifersüchtig. Sie und Don haben sich ausgetobt und wissen, daß sie zusammengehören. Nur das zählt. „Ich will mit Melanie alt werden und jung bleiben", formuliert Don Johnson. Und sie sagt: „Unser langjähriger Traum ist in Erfüllung gegangen."

Melanie Griffith bringt ihren dreijährigen Sohn Alexander aus ihrer geschiedenen Ehe mit Steven Bauer in die Verbindung ein, Don bringt Jesse mit. Und den beiden wird noch im Jahr 1989 die Tochter Dakota geboren, die die Familie komplett macht. Ein Hollywood-Märchen.

Das Traumpaar Nummer eins der Traumfabrik lebt heute entweder in seiner Villa in Beverly Hills oder in Aspen, Colorado, einem kleinen Bergdorf und Wintersportort. Beide wünschen sich weitere Kinder, um ihre Vorstellung von einer glücklichen Familie zu realisieren.

Johnson daran, große Kinorollen zu spielen.

So beispielsweise in dem knallharten Action-Thriller mit politischem Einschlag **Dead Bang – Kurzer Prozeß**, in dem Don Johnson als privat gebeutelter Polizeidetektive zunächst einen Killer verfolgt und dabei auf ein Faschistennest in Colorado stößt.

Oder in dem flirrenden Texas-Krimi und schwarzen Melodram **The Hot Spot – Spiel mit dem Feuer.** Der Film von Dennis Hopper, in dem Johnson mit der ihm eigenen körperlichen Präsenz überzeugte, wirkt wie eine Erinnerung an die sechziger Jahre. Das kommt vielleicht daher, daß der Autor Charles Williams das Drehbuch bereits 1961 geschrieben hat – nach seinem Roman „Hell Hath no Fury", der 1953 entstanden war. Der zweite Grund dürfte darin liegen, daß Regisseur Hopper seine großen Erfolge ebenfalls in den Sechzigern gehabt hat und seine ästhetischen, politischen und mentalen Vorlieben in dieser Zeit wurzeln.

Der Film, obgleich farbig, erinnert an die Ausläufer des Film noir, einer nordamerikanischen Stilrichtung, die etwa in der Mitte der fünfziger Jahre bereits ihr Ende fand, jedoch erheblich nachwirkte.

Don Johnson als Harry Madox setzte in diesem düsteren Film seine Absicht fort, kontinuierlich eine Kinokarriere fortzuführen, die er seit dem Auslaufen von **Miami Vice** beharrlich betreibt. Daß der Film in den USA dennoch keinen großen Erfolg hatte, mag daran liegen, daß er zu gut, sprich zu differenziert, und zu subtil war. Mit Figuren, die schillernd und rätselhaft im Zwielicht stehen, weder ganz gut noch ganz böse sind, kann sich im Comicstrip-Amerika leider niemand identifizieren.

Don Johnson konnte jedoch zufrieden sein. Wer den Film gesehen hat, wird seinen amoralisch-trägen Harry Madox nicht vergessen. Johnsons Darstellung des „goodbad-boy" Harry Madox überraschte alle diejenigen, die ihn auf die eindimensionalen Gestalten des Hollywood-Kintopps hatten reduzieren wollen.

Eine große Rolle absolvierte Don Johnson auch in seinem nächsten Film, der den bizarren Titel **Harley Davidson & the Marlboro Man** (1991) trägt.

Der mit einem Aufwand von 21 Millionen Dollar in Tuscon, Arizona und Las Vedd bei Los Angeles gedrehte Spät-Spät-Western, der die im Jahr 1996 angesiedelte Geschichte einer Freundschaft zweier ausgeflippter Männer erzählt, war als eine Art Pilotfilm für eine geplante TV-Serie gedacht. Deren Realisierung wurde allerdings fraglich, als das schrille Lichtspiel an der Kasse floppte.

Don Johnson fühlte sich jedenfalls auf dem Set mit Partner Mickey Rourke – den er seit dreizehn Jahren kennt und schätzt – und in seiner Rolle pudelwohl. Sein australischer Regisseur Simon Wincer lobte seine präzisen Vorbereitungen und das perfekte Timing seiner Darstellung. Wer den Film kennt, kann das bestätigen - auch wenn Einwände gegen die Dramaturgie des Streifens durchaus berechtigt sind. Aber daran hatte Don Johnson keinen Anteil.

Eine weitere große und zudem noch sehr romantische Rolle spielte Don Johnson in **Sommerparadies**. Dieses schnelle Remake des französischen Kinoerfolges **Am großen Weg** (Le grand chemin) von Regisseur Jean-Loup Hubert aus dem Jahr 1987 übernahm die komplette Vorlage und transportierte sie auf amerikanische Verhältnisse. Und in amerikanische Spielweisen. Denn Don Johnson als Ben Reed und Melanie Griffith als Lily Reed sowie die komplette Besetzung agieren in dieser Story um ein auf dem Land lebendes Ehepaar, das sich entfremdet hat und durch den Besuch eines kleinen Stadtjungen wieder zueinander

findet, sehr authentisch als Bewohner von South Carolina.

Das war jedoch, wenn man das Werk nicht nur an der Vorlage mißt, durchaus kein Nachteil. Im Gegenteil brachte das Spiel der Darsteller völlig neue Details und Nuancen in die bewegende und amüsante Story. Don Johnson erhielt für diese Rolle sowohl in den USA als auch in Europa viel Anerkennung.

Er konnte damit die Serie seiner vielbeachteten Kinoerfolge und Filmrollen fortsetzen. Und allein auf große Kinorollen kommt es ihm heute an. ●

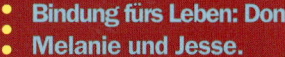
Bindung fürs Leben: Don, Melanie und Jesse.

Don – noch als „Marlboro Man" – mit Melanie bei einem künstlerischen Empfang.

m Jahr 1992 drehte Don Johnson an der Seite von John Goodman und seiner Ehefrau Melanie Griffith die Komödie **Born Yesterday**, das Remake der alten, erfolgreichen George-Cukor-Lachbombe aus dem Jahr 1950 mit dem damaligen deutschen Titel **Die ist nicht von gestern.**

Regisseur Luis Mandoki inszenierte die Neuauflage der Emanzipationskomödie, die in den fünfziger Jahren ihrer Zeit weit voraus gewesen war, mit Bravour. Don Johnson spielte den intellektuellen Softie, der die leicht ungehobelte Frau (Melanie Griffith) eines erfolgreichen Mackers (John Goodman) gesellschaftsfähig machen soll. Daß sich die Dame schließlich als gescheiter und cleverer als ihr Göttergatte erweist und auch den Erzieher verblüfft, war der Clou des Films aus der Nachkriegszeit und kommt auch heute noch gut an. Das Hauptdarsteller-Trio agierte vorzüglich. Melanie Griffith und Don Johnson ergänzten sich so wunderbar, als ereignete sich diese Handlung in ihrem eigenen „wirklichen" Leben.

Der Titel des Films erinnert – unabhängig von seinem konkreten Inhalt – an einen Ausspruch, den Don Johnson gern in Anlehnung an einen Filmdialog aus **Der Unbeugsame** (The Natural, 1983) von Barry Levinson tätigt: „Ich glaube, wir haben zwei Leben. Eins, in dem wir geboren werden und lernen, und das zweite, in dem wir nach dem Gelernten zu leben versuchen."

sich der Fan von nackten Füßen extra ein paar Socken kaufte. Lachend erinnerte er sich später an dieses Ereignis:

„Es war, weiß Gott, der ungewöhnlichste Tag in meinem Leben. Und ich weiß, daß eine Menge Leute sich fragten, was um Himmels willen dieser ausgeflippte Typ im Weißen Haus zu suchen hatte. Und ich stellte mir dieselbe Frage."

Der Grund für die Einladung lag vordergründig natürlich an **Miami Vice**. Doch hintergründig spielte es eine wesentliche Rolle, daß Don Johnson trocken und clean war. Nur so hatte er die Aufgabe von **Miami Vice** gemeistert. Er hatte die Lektion des 11. September 1983 gelernt und lebte nun nach dem Gelernten. Johnson hat nicht nur seine lebensgeschichtlichen Höhen und Tiefen gemeistert, er hat sich ebenso rigoros von dem Rollentyp gelöst, mit dem er in **Miami Vice** einen riesigen Erfolg erzielte. Don Johnson ist ein großer Kinodarsteller geworden; das beweisen Filme wie **Sweet Hearts Dance – Liebe ist mehr als ein Wort, Dead Bang – Kurzer Prozeß, The Hot Spot – Spiel mit dem Feuer, Sommerparadies und Born Yesterday** zur Genüge.

Heute sagt er zu diesem Punkt: „Ich finde zunehmend die sozialen Außenseiter, die Diebe und Verlierer am interessantesten. Rollen, die meilenweit von dem entfernt sind, was ich früher spielte."

Deshalb lehnte er es 1991 auch ab, in der italienischen TV-Serie **Zwei Supertypen in**

Born Yesterday

Gestern geboren und gelernt, heute gelebt – das Motto für Don Johnson. Er hat lange gebraucht, um alle die Erfahrungen zu machen, die ihn prägten. Dazu gehören einige sehr böse. Heute lebt er in der Aufarbeitung dieser Erfahrungen. Nicht weise, aber klug und immer noch sehr lebendig.

Seine beiden Lebenshälften lassen sich sogar datieren. Die erste endete am 11. September 1983. An diesem Tag beschloß er, seine Drogensucht und seinen Alkoholismus zu überwinden. Zwei Jahre später, auf den Tag genau, feierte er dieses Datum, inzwischen clean, im Weißen Haus, an der Tafel der Reagans, anläßlich des Empfangs des dänischen Premierministers. Ein Anlaß übrigens, für den

Miami die Hauptrolle zu übernehmen. Statt seiner engagierte Enzo G. Castellari für die am Originalschauplatz Miami entstehende sechsteilige Krimiserie Johnsons Partner aus **Miami Vice**, Philip Michael Thomas, der an der Seite von Bud Spencer agiert.

Wer das hierzulande 1992 im TV-Seriensender RTL ausgestrahlte Ergebnis sah, wird sich darüber gewundert haben, wie unverschämt die Serie ihr Vorbild bis in Details abkupferte. Darüber war Don Johnson stocksauer. Aber selbst die 1,5 Millionen Dollar, die man ihm als Gaststar für die ersten drei Folgen anbot, lockten ihn nicht. Denn für konfektionierte TV-Serienkost ist Don Johnson heutzutage eben nicht mehr zu haben.

Einsichten, die ein Produkt der Reife sind. Heute würde Don auch nicht mehr hippelig werden, wenn ein Mafiaboß bei ihm anruft und behauptet, ein Fan von Sonny Crockett zu sein. Er würde sagen: „Und weiter?" Vielleicht würde er sich von dem Mann – wie während der Dreharbeiten zu **Miami Vice** tatsächlich geschehen – auf dessen Zweihundert-Morgen-Ranch in Florida einladen und fürstlich bewirten lassen – aber nur, um ihm seine Vorstellung von guter Schauspielerei zu erklären. Er würde sich von den Leibwächtern zum Helikopter zurückbringen lassen und sich verabschieden. Der Mafiaboß würde vielleicht wieder sagen: „Ich hoffe, Sie kommen zu Thanksgiving." Aber Dons Reaktion wäre nicht dieselbe wie damals, als sein Herz schneller schlug und seine Sinne wie Alarmglocken schrillten. Nein, er würde vielleicht eher sagen: „Sehen Sie sich mal meine Rolle in **Born Yesterday** an, dann reden wir weiter."

Johnson, der ehemalige Flipper durch sämtliche Schnupfpartys der Schickiszene, hat sich heute ebenso unter Kontrolle wie seine darstellerischen Mittel. Es sieht so aus, als habe er seine Grenzen noch lange nicht erreicht.

Sagte der Star doch einmal: „Ich möchte in Zukunft spielen, Regie führen, produzieren, singen, musizieren, tanzen. Ich bin Filmemacher, ich möchte den gesamten Vorgang des Filmens kontrollieren dürfen, weil ich den Prozeß liebe. Vielleicht mache ich eine eigene Produktionsfirma auf und filme mit den besten Leuten, die ich kriegen kann. Ich werde versuchen, all das zu tun."

Warum nicht? ●

Große Kinorollen

Jerry Beck rüstet auf und rückt den Killern auf den Leib.

Er kommt zurück von einer Reise, schließt die Tür zu seiner Hotelsuite im „Buonaventura", öffnet die Post, dreht den Kaltwasserhahn auf, setzt die Brille zum Lesen auf die Nase. Jerry Beck ist und verhält sich wie ein ganz normaler Mann unter tausend

flugzeugs mischt, ahnt der Zuschauer kommende Katastrophen.

Diese Vorahnungen, die zunächst aus der Inszenierung seines Privatlebens resultieren, bekommen dann einen offiziellen Stempel: Der Mann ist ein Bulle von der Mordkommission. Er zückt seine Dienstmarke und betritt den Tatort eines Schwerverbrechens. Es ist

Jerry Beck in „Dead Bang"

Gebeutelter Bulle

anderen. Nur der Revolver zwischen den unbezahlten Rechnungen auf dem Tisch macht stutzig. Und wenn die Regie von John Frankenheimer dann noch zur Großaufnahme seines sorgenvoll gekräuselten Gesichts den höllischen Lärm eines landenden Verkehrs-

Weihnachten, aber für ihn ist es ein normaler Arbeitstag. Seine desolaten persönlichen Verhältnisse – er darf seine Kinder nach der Scheidung nicht sehen – verschwinden vorerst hinter seinem offiziellen Tun.

Don Johnson sieht zunächst – die Regie

verstärkt das aus werbewirksamen und auch typologischen Gründen – so aus, als käme er gerade vom Set der letzten Folge von **Miami Vice**.

Nur hat er die schicken Miami-Klamotten von Armani gegen abgewetzte Jeans und eine gebrauchte Lederjacke im Los-Angeles-Zuschnitt vertauscht. Aber schon ermittelt er wieder wie Sonny Crockett – wir schreiben 1989, das Jahr, in dem **Miami Vice** auslief.

Die Regie hat begriffen, daß man diesen Star gewinnbringend in Close-ups zeigen muß. Sie tut es genüßlich und ausführlich. Das Gesicht von Don Johnson füllt die Leinwand. Und der Zuschauer bewundert die ehemals weichen, jetzt schärfer geschnittenen Züge, den passenden Dreitagebart, die charakteristische schräge Stellung der Augen, den vollen, stets leicht angefeuchteten Mund mit den erfreulichen Grübchen, das glänzende Haar.

Weihnachten in L. A. – wirklich etwas Besonderes. Vor allem, wenn es so schnell zu Liebe und Sex kommt wie hier, eine Weihnachtsfrau mit Namen Linda war da. Aber „danach", beim Kochen des Frühstückskaffees, sieht Jerry Beck seltsam gehetzt aus. Don Johnson spielt das mit der kribbeligen Nervosität eines Fixers, der dringend auf Stoff wartet. Was ist los mit diesem Mann?

Ein Kollege sagt, er sei „ein echtes Arschloch", aber so sieht Beck nicht aus. Doch hart scheint er schon zu sein. Ein Killer läuft frei herum. Und da Beck kaum zu seinem Privatleben kommt, jagt er diesen durch die Stadt und schlägt ihn dann erbarmungslos zusammen. Echte Härte.

Und wie er ihn gejagt hat! Körperlich topfit. Bei den fälligen Verfolgungsjagden kommt niemand auf den Verdacht, Don Johnson sei etwa durch Cocktailpartys geschwächt. Wie ein Zweihundert-Meter-Läufer geht er in die Kurve, beißt die Zähne zusammen und schafft auch die Gerade. Und schließlich schmeißt er den Killer aufs Pflaster. Danach kotzt er diesen buchstäblich voll.

Jerry Beck ist eben trotz aller Erfolge nicht gut drauf. Er kommt mit seinen Lebensbedingungen nicht zurecht. Hier unterscheidet er sich gewaltig von Sonny Crockett, den Don Johnson gerade soeben zum letztenmal spielte. Der andere Unterschied liegt darin, daß Jerry Beck nicht smart, sondern rabiat bis zur Unausstehlichkeit ist. Und die Regie setzt zunehmend auf diese Karte im Bemühen, Sonny Crockett ganz zu vergessen.

Don Johnson hatte nicht oft die Gelegenheit, einen „tough guy" zu spielen. Jetzt hat er sie. Er spielt seinen Officer Beck mit der Zappeligkeit eines Al Pacino, der Penetranz eines Peter Falk, der Belustigung eines Dennis Quaid, der tänzerischen Anmut eines Richard Gere, der Genervtheit eines Sean Penn, der Nonchalance eines Warren Beatty. Und mit der liberalen Haltung eines Don Johnson – denn es geht im Verlauf der Handlung immerhin um eine Naziverschwörung in Arizona und Colorado. Und der Bürger Beck nimmt die Verfolgung auf.

Bürger Beck – wer würde einen Bullen aus der Mordkommission von Los Angeles so spielen, daß er wie ein Zivilist von nebenan aussieht? Dieser Eindruck wird dadurch verstärkt, daß die Kamera den Schauspieler Don Johnson meist leicht von oben herab erfaßt. Er wirkt dabei kleiner, als er ist, normaler. Wenn andere Detektive geradezu erigiert durch ihre Szene wandeln dürfen, geht Don Johnson in diesem Fall, als durchquere er nichts anderes als seinen eigenen Vorgarten – nur in seinem Gesicht spiegelt sich wilde Entschlossenheit.

Don Johnson präsentiert in dieser Rolle des Bullen Jerry Beck zunehmend ein Programm, das mit Glamour immer weniger zu tun hat. Völlig uneitel, ganz seiner Rollenpsychologie unterworfen, seine Schokoladenseite abwendend, mit Mut zur Häßlichkeit und mit Actionqualitäten, die aus mehr bestehen als daraus, in Leinenschuhen am Strand entlang zu joggen, steht er den Film durch.

Schon liegt er wieder im Dreck und observiert. Die Kamera geht so nahe an sein Gesicht heran, daß sie es verzerrt. Das, was an diesem Gesicht schön ist, erscheint in dieser Ausleuchtung, diesem Ausschnitt nun erschreckend alltäglich. Das bekannte glamouröse Johnson-Antlitz wird hier endlich zu dramatischer Wirkung entfaltet. Noch nie holte jemand so viel aus dieser Gesichtslandschaft heraus wie die Kamera von Gerry Fisher.

Als Jerry Beck beweist Don Johnson – Kamera und Regie assistieren ihm dabei –, daß er **Miami Vice** endgültig hinter sich gelassen hat. Er befindet sich am Start zu einer neuen, guten Kinokarriere als Charakterdarsteller mit Actionformat. ●

...r Polizist als de-
...okratischer Bür-
...r Beck in Colo-
...do auf der Spur
...n skrupellosen
...echtsextremi-
...en – eine Vierer-
...nde der beson-
...rs perfiden Art.

Don Johnson als Polizist Jerry Beck am Beginn einer gefährlichen Reise in den kriminellen Terrorismus.

DON JOHNSON

DEAD BANG | KURZER PROZESS

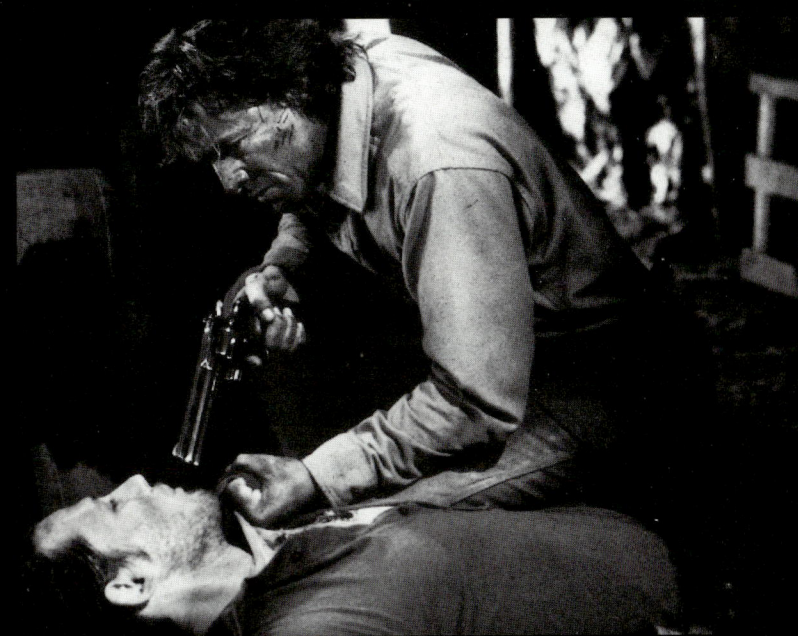

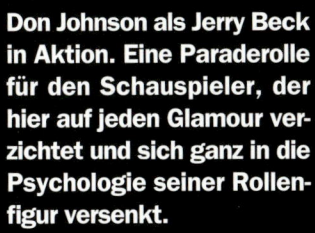

Don Johnson als Jerry Beck in Aktion. Eine Paraderolle für den Schauspieler, der hier auf jeden Glamour verzichtet und sich ganz in die Psychologie seiner Rollenfigur versenkt.

Welche Absichten verfolgt die attraktive Linda (Penelope Ann Miller), als sie mit Beck auf einer Party flirtet?

DON JOHNSON
DEAD BANG | KURZER PROZESS

Die Hitze flirrt, und im Gesicht des Studebaker-Fahrers, der zu Bluesmusik durch die texanische Wüste düst, zeichnen sich Spuren eines Lebens ab, das offensichtlich nicht in Wartestellung geführt wurde. Dann hält dieser umherziehende Driver an und geht ein kühles Bier trinken. Er schiebt dabei die Hände in die Hosentasche, sieht im „Yellow Rose" gelangweilt einer Stripperin zu, schlendert von hierhin nach dorthin. Der Mann scheint Zeit zu haben. Und man weiß nicht genau, was mit ihm los ist. Don Johnson hält seinen Harry Madox in geschickter Balance zwischen einem lebensgierigen Kerl von irgendwo und einem coolen Jungen aus dem Hier und Jetzt, den nichts erschüttern kann.

In seinen Brauntönen – braun-weißes Nylonhemd, brauner Seidenschlips, hellbraune

und vor allem gegenüber Frauen einen sinnlichen Instinkt für erotische Situationen. Eine Art männlicher Spürhund auf der Fährte. Wenn eine ihn abblitzen läßt, geht er zur nächsten.

Harry Madox streunt umher, das Jackett seines Anzugs trägt er lässig über dem Arm – sein Ausweis für Freizeitverhalten. Es ist so offensichtlich, daß er in diesem Nest nichts zu tun hat, daß der Ort um ihn herum noch trostloser wirkt. Jeder Schritt von Madox bedeutet: Ich bin hier völlig fehl am Platz, aber ich weiß nicht, wo ich sonst hin soll. Es ist überall gleich.

Der Existentialist aus Langeweile Harry Madox lebt ein bißchen weiter. Ohne große Prinzipien, ohne besondere Moral, ohne Aufschwünge. Vielleicht wäre er fähig, ein Verbrechen zu begehen – ein Verbrechen aus nichts weiter als Gleichgültigkeit. Er gleicht darin dem existentialistischen Menschen Mersault von Albert Camus, jenem „Fremden",

Mann im Zwielicht

Harry Madox in „The Hot Spot"

Leinenhose, braune Schuhe, mittelbraune kurze Haare, von der Sonne getönter Teint – paßt er sich schnittig dem Kleinstadtmilieu in Wüstentönen an, in dem er steckenbleibt. Er hat eine Dame mit Hund gesehen. Also bleibt er erst einmal am Ort. Er riecht eine heiße Spur – obwohl wir noch nicht in einem Krimi sind.

Madox läßt sich nieder wie ein Blatt im Wind, das nach einem freien Flug zu Boden fällt. Egal wo. Es muß nur nach der Intensivierung des Lebens, man könnte auch sagen: nach einem schnellen Abenteuer, riechen. Und wenn er nachts in seiner neuen „Heimat", dem Provinznest Landers, in der Wüste steht, leuchtet sein weißes Ausgehhemd so strahlend, ist sein Gang so erwartungsschwanger, daß man vieles von ihm erwarten kann. Don Johnson sieht dabei wie der Vierzigjährige aus, der er ist. Noch jung, mit Spuren eines gelebten Lebens. Umgeben von einer Aura aus Vergeblichkeit – so als hätte er alles schon einmal getan und würde es dennoch noch einmal wollen.

Er steckt sich eine Zigarette an, er raucht, er bewegt sich in den Hüften, er wartet ab. Dieser Mann denkt sich sein Teil, auch wenn er die Verhältnisse nicht gleich durchschaut. Er ist nicht intellektuell, aber klug, nicht gerissen, aber lebenserfahren, er besitzt Intuition

den es nun aus Nordafrika in die texanische Provinz verschlagen hat.

Abends sitzt er in seinem schäbigen Hotelzimmer vor dem Ventilator und raucht oder trinkt. Man könnte meinen, er denke nach. Aber er läßt nur die Zeit verstreichen, diese endlose Ausdehnung des gnadenlosen Jetzt, die anscheinend den Rest seines Lebens ausmachen wird. Der sinnlose Sinn. Regisseur Dennis Hopper stellt seinen Helden in eine Umgebung aus erdigen Farben – der Kontrast zu Produkten wie etwa **Miami Vice**, jener Krimiserie, in der Don Johnson bislang in Pink und Pastell erschien. An diesem Film ist alles schwer, naturfarben, langsam, schwül, träge, mehrfach gebrochen, bedeutungsschwanger. Und dennoch leicht erzählt, die Ereignisse scheinen wie aus einem fahrenden Auto gesehen. Geschehen und schon vorbei.

Und Don Johnson alias Harry Madox wird in Szene gesetzt als der völlig unheldische Held, der sich zwar bewegt, aber nichts bewegt, der zwar umhergeht, aber nur einen Kreis schlägt, der mit viel coolem Aufwand auf der Stelle tritt. Ein Mann fürs Triviale, für den das Leben ein endloses Vorspiel ist, der weiß, es gibt irgendwann Befriedigungen, aber keine tiefen oder dauernden. Also läßt er sich Zeit und bewegt sich dementsprechend. Bruder Leichtfuß mit dem schweren Schritt.

Etwas aus seiner Vergangenheit macht ihn geheimnisvoll. Gibt es den wunden Punkt in seinem Leben? Der Film läßt es offen, doch die Frauen ahnen es. Er scheint mehr zu sein als ein Mann, der Autos verkauft. Da muß es diese romantische Affäre, dieses grauenvolle Verbrechen, diesen tragischen Unglücksfall, dieses Leben für mehr als ein Hollywood-Melodram geben. Jedenfalls sieht es so aus, als würde Harry Madox unaufhörlich daran denken, sein Zigarettenkonsum deutet darauf hin.

Vielleicht ist dieser Mann aber auch nur außen hart und innen hart geworden. Ein inzwischen rauher, abgebrühter Kerl, der schon sehr, sehr viele schmuddlige Affären hatte und zu wenig Abwehrkräfte gegen neue besitzt. Er sucht seine Chance, aber wie? Was will er tun? Durchdrehen? Feiner Wüstensand legt sich über den Ort, an dem er seine eventuellen Ausbruchsphantasien ausbrütet.

Nachts steht er dann an der Mainstreet von Landers, er reckt die starke Brust, sein weißes Hemd leuchtet wieder, er raucht bedeutsam, das Kaff versinkt in Schlaf. Ein großer, wenn auch richtungsloser Mann in kleinen Verhältnissen, der etwas plant. Was? Einen Banküberfall.

Don Johnson spielt die Rolle erfreulich unspektakulär. Die Kamera erfaßt ihn oft seitlich oder sogar von hinten, er drängt sich nicht auf. Großaufnahmen seiner Gesichtslandschaft wie in *Miami Vice* gibt es nicht oder sehr selten. Der Star ordnet sich strikt den Erfordernissen der Rollenpsychologie unter. Er spielt einen Mann im Zwielicht, der vom Zuschauer keine besonderen Identifikationsleistungen verlangt: Er geht von einer Frau zur anderen, er lungert herum, er trinkt, wenn er handeln müßte, er beraubt eine Bank, er verführt mit seinem oberflächlichen Charme, er hat keinen Blick für wirkliche Schönheit, es sei denn, sie sei in schwarze Unterwäsche gezwängt. Er läuft richtungslos, instinktiv und gierig durch sein Leben.

Aber in der Not gewinnt er Konturen. Nach dem cool ausgeführten Bankraub beweist er während der Nachstellungen der Polizei Format. Harry Madox ist offenbar ein Charakter, der erst im Schlamassel zu sich kommt. Und Don Johnson, in seinen erdigen Farben,

73

verleiht ihm das Profil eines nun doch zuverlässigen Kerls. Einer der endlich wissen will, wer er ist und wo er steht. Bevor die Abwässer dieser Stadt ihn endgültig mit sich reißen.

Oder wird er doch noch versagen? Der Film hält diese Entscheidung lange offen. Und das Spiel von Don Johnson tut ein übriges, um die Entscheidung hinauszuzögern. Zwischen moralischer Verantwortung und Triebhaftigkeit schwankt er scheinbar hilflos hin und her. Mal der zuverlässige Mann, mal der heruntergekommene Gigolo, der jede Nummer wahrnimmt. Sex oder Sinn? Harry Madox schwankt noch. Dann erliegt er erneut der Verführung.

Doch gleich nach dem Gegenschnitt steht er wieder im blütenweißen Oberhemd da, diesmal an der Bahnstation, die in dieser Sequenz als Sinnbild für das Ankommen und Davonfahren fungiert. Ein gefallener Engel, unrein und doch auch unschuldig, ein Charakter im Sumpf. Ein Mann, der sich den Verhältnissen anpaßt.

Aber er besitzt doch das kleine Extra. Er nimmt eine Verantwortung auf sich und rächt das Leid einer Frau, obwohl er sich damit in Schwierigkeiten bringt. Ganz tief in ihm drin glimmen noch Ideale.

Nach seinen bisherigen zumeist positiven Rollen besticht Don Johnson als Harry Madox, dem Mann im Zwielicht. Er füllt die vorgegebene Form aus, die ihm Regisseur Dennis Hopper entwarf: Er ist der „good-bad-boy", in dessen durchaus glänzender Außenfassade die Risse sichtbar werden, die das Leben ihm schlug. Moralisch ambivalent, ästhetisch gebrochen, charakterlich instabil, Täter und Opfer zugleich – Harry Madox, von Don Johnson definitiv verkörpert. Im Stil eines Schauspielers, der sich vom glatten Image des positiven Helden ein kleines Stück entfernen will.

Aber am Ende geht dieser Madox alias Johnson vielleicht einen Schritt zu weit. Er wird zum Mörder. Damit entfernt sich der Schauspieler Don Johnson vom gleichnamigen Idol. Möglicherweise ein Stück zu weit. Das menschliche Wrack Harry Madox, das am Schluß des Films übrigbleibt, gleicht dem bisherigen positiven Helden nicht mehr im entferntesten. Und das ist vielleicht ein wenig zu weit entfernt. Wir sehen den guten Schauspieler Don Johnson in einer dramatischen Rolle und bewundern ihn darin. Die letzte lange Einstellung von ihm, in der er gänzlich Harry Madox wird, der endgültig aufgibt, gleicht einem darstellerischen Parforceritt. Darin verschwindet Don Johnson, der Superstar. ●

Der Hut steht ihm gut. Aber nur von weitem. Nah besehen, verschwindet Don Johnson unter seinem weißen Stetson beinahe ebenso dramatisch wie weiland James Cagney als Jim Kincaid in **Oklahoma Kid** von 1939. Unter einem solchen Hut bleibt nicht viel Mann übrig, um die Gegner zu beeindrucken, zumindest dann nicht, wenn die Kamera diesen Mann immer leicht aus der Vogelperspektive aufnimmt.

Das ändert sich zum Glück. Und wir sehen Don Johnson als Marlboro Man beim Lochbillard in „Eagle's Nest" abräumen. Er sieht cool aus mit seiner Cowboykluft, dem schmucken Backenbart nach Art von General Custer, der kalten Zigarette, die ihm verächtlich im Mundwinkel hängt. Und wenn er

lich deplaziert. Denn dort halten sich nur Schläger, Säufer, Killer, Kriminelle auf, Abschaum einer maroden Gesellschaft, der in abgewrackten Ghettos vegetiert. Marlboro Man ist unter ihnen so auffällig wie eine Tarantel auf Sahnequark, wie ein Cowboy im Trump Tower, wie ein Held aus dem Wilden Westen, der in der „Chase Manhattan" ein Konto eröffnen will. Deshalb ist es auch nicht leicht einzusehen, weshalb er einen Wagen der „Great Trust Bank" überfällt und dabei nicht einmal seinen auffälligen Hut abnimmt. Ein Mann mit Wiedererkennungswerten. Aber eben supercool.

Um so heißer ist die Beute, die er und seine Spießgesellen vom Abschaum bei dem Überfall machen: eine neuartige Droge, hinter der die gesamte Drogenmafia von L. A. her ist. Ein Drogenkrimi mehr unter den hunderten, die Hollywood ohnehin schon pro-

Marlboro Man in „Harley Davidson & the Marlboro Man"

Cowboy der Großstadt

sich mit einem indianischen Billardpartner prügelt, zeigt der eher schmächtig wirkende Kerl, was in seinen Fäusten steckt.

So ist auch die Philosophie dieses Mannes, supercool und „tough", der Cowboy lebt auf der Straße und ist immer unterwegs. Ebenso wie sein Kumpel Harley, gespielt von Mickey Rourke, der anscheinend mit seinem Hochlenkermotorrad verwachsen ist.

Don Johnson sieht auf seinem heißen Ofen seltsam deplaziert aus, hält er das Gefährt für ein Pferd? Nein, dieser Cowboy weiß, worauf er sitzt, er ist ein Cowboy der Großstadt und der Highways. Aber als sein Schlitten seinen Geist aufgibt, schießt er mit Kugeln darauf, er erschießt das Motorrad, wie man verletzte Pferde erschießt.

Dieser Cowboy wirkt darüber hinaus wie ein Südstaatler aus dem Bürgerkrieg, merkwürdig elegant trotz seiner einfachen Kluft, die er allerdings leicht veredelt: durch eine Lederweste, Mokassins, Ketten, Armbänder, Handschuhe. Sein Gang ist geschmeidig, sein Benehmen ebenfalls, er scheint eher im Salon denn auf der Kuhweide erzogen worden zu sein. Und wenn ein feines Lächeln auf seinem Gesicht erscheint, könnte man ihn sogar für einen Gentleman halten.

Damit wirkt er in dem wüsten Haufen, mit dem er in den Roadhouses verkehrt, reich-

duziert, nimmt damit seinen Anfang. Und unsere Helden sitzen nach dem Überfall in ihrem Lieblings-Roadhouse beim Whisky, als wäre nichts geschehen, ihre Philosophie sagt ihnen, daß morgen auch noch ein Tag ist und das Leben immer weitergeht. Seufzend verkünden sie diese großartigen Einsichten. Dann steigen sie auf ihre heißen Öfen und düsen davon.

Wenn Marlboro morgens im Bett einer Streifenpolizistin aufwacht, mit der er sich am Abend zuvor libidinös verbündete, sieht er aus wie ein Hippie, der sein Jahrzehnt verschlafen hat. Auf seine schlichte Nacktheit reduziert, ist die Attitüde des Cowboys von ihm abgefallen wie ein Kleidungsstück. Übrig bleibt ein angenehm softer Typ mit zivilen Manieren, der durchaus liebesfähig zu sein scheint.

Und auch handlungsfähig. Im weiteren Verlauf des Films nimmt Don Johnson nun eine Sonderstellung ein. Die Regie setzt ihn visuell in Kontrast zu seinen Kumpanen. Wenn sie stehen, sitzt er; wenn sie trinken, steht er allein; wenn sie aus dem Häuschen geraten, bleibt er nachdenklich; er bleibt außerhalb. Und seine Bewegungen gleichen denen eines Geschlagenen, der etwas kommen sieht, das nicht zu meistern ist.

Er scheint ein Mann zu sein, der alles schon einmal erlebt hat. Und alles passiert noch einmal. Das hat er gewußt. Marlboro macht dennoch weiter. Und in Gestalt von Don Johnson besitzt dieser Rollentyp einen Darsteller, dem man den Lakonismus abnimmt, mit dem er agiert. Was bei seinem Kumpel Harley alias Mickey Rourke maniriert wirkt, weil dieser sich aufdringlich selbst verkörpert, sieht bei Johnson gut gespielt aus. Mehr ist in dieser Rolle – der sicher bizarrsten in Johnsons Karriere – nicht zu leisten. ●

Er sieht besorgt aus. Sein Gesicht drückt väterliche Strenge, männliche Muffigkeit, Ehefrust aus. Die Dinge mit Lily stehen nicht gut. Ben Reed stemmt die Arme in die Hüften , starrt dumpf vor sich hin und überlegt, was zu tun ist. Don Johnson spielt einen Ehemann, der von seiner Gattin abgewiesen wird, der verbittert und zynisch herumschleicht, kaum ein Wort spricht und doch dafür verantwortlich zeichnet, daß alles wieder ins Lot kommt. Ben Reed alias Don Johnson ist in **Sommerparadies** meilenweit entfernt vom Sonnenparadies Miami, von **Miami Vice** und von seinem eigenen Dressman-Status.

mismus täuschender Art, eine falsche Botschaft, die Willard schnell als typische Erwachsenenlüge enttarnt.

Denn seine Gastgeber erweisen sich zunächst als kalt und zerstritten, das Klima in Haus und Garten ist rauh. Ben Reed betrachtet Willard anfangs nur als Störenfried; Lily geht manchmal seltsamen Tätigkeiten nach, die damit zusammenhängen, daß ihr eigenes Kind im Alter von drei Jahren starb. Die Filmerzählung muß nun manche Klippe umschiffen, damit am Ende ein guter Schluß steht:

Frustrierter Ehemann

Ben Reed in „Sommerparadies"

● **Drei Szenen aus**
● *Sommerparadies*

Unter der Regie von Mary Agnes Donoghue bewegt sich Johnson wie ein männlicher Darsteller, der von Frauen in Schranken gehalten wird. Das liegt teils an der Regie, teils an der Story. Die Filmhandlung dominiert dabei. Es geht hier um den kleinen Jungen Willard, den seine Mutter zu Freunden aufs Land schickt , damit sie in Ruhe ihr neues Baby gebären kann. Der Ort, an dem Willards vorübergehende Pflegeeltern Ben und Lily wohnen, heißt Paradise. Aber das ist ein Euphe-

Das Ehepaar öffnet sich zunächst dem Jungen und kommt dann sich wieder näher; Willard begreift, was vorher fremd erschien, wird ein Stück erwachsen.

Don Johnson spielt an der Seite seiner Ehefrau und Leinwandgattin Melanie Griffith seinen Part zwar nach Hollywood-Manier, aber weitaus zurückgenommener als üblich. Man könnte auch sagen, er erweist sich in der Rolle des Ben Reed einmal mehr als der gute Schauspieler, der er ist und nicht oft sein durfte. Sah man Johnson jemals so mürrisch durch Filmbilder stapfen, so schemenhaft aus dem Bild verschwinden, so abweisend in Richtung Kamera blicken? Nein, niemals. Seine Fans nahmen dies unterschiedlich auf, die Kritik war davon durchgehend angetan. Ein Glamourstar, der sich derart rigoros einer Rolle unterordnet, kommt bei denjenigen immer gut an, die dem Glamour ohnehin skeptisch gegenüberstehen.

Ein Vergleich mit dem französischen Schauspieler Richard Bohringer, der den Ben Reed in der Filmvorlage **Am großen Weg** unter der Regie von Jean-Loup Hubert mimte, würde belegen, wie amerikanische Darsteller gegenüber europäischen spielen und wie Don Johnson Starruhm nutzt und verarbeitet. Denn trotz allem Understatement des Hollywood-Stars bleibt die Erkenntnis: Ein Bohringer wirkt wie für seine Rolle geschaffen, von Johnson bleibt ein Rest, der über die Rollenpsychologie hinausweist – mimischer Manierismus, an tausend PR-Posen getestet. Man könnte auch sagen, dieser Rest bewahrt ihn davor, als Star völlig zu verschwinden und als reiner Schauspieler geboren zu werden. Es ist der darstellerische Rest, der das intime Verhältnis seiner Fans zu ihm und damit den Starkult à la Don Johnson möglich macht.

Don Johnson stand in seinen Filmen oft für Momente, in denen der Film Vorlage für Tagträumerei wird, in denen der Kommerz von einer Lyrik der Zuverlässigkeit aufgeweicht wird. In solchen Rollen fand ein neuer, reservierter Held seinen gebrochenen und dennoch tatkräftigen Ausdruck. Das faszinierte. Beispielsweise waren bei Sonny Crockett nicht nur die Taten in seinem Rollenleben, sondern auch das Leben in seinen Rollentaten entscheidend, und die Fans merkten das. Don Johnson, der Einzelgänger in Miami – trotz Partner und Einsatzleitung an seiner Seite – , handelt, um einen miserablen Zustand zu verändern. Doch er verändert letztlich nichts – nicht einmal sich selbst. Diese Einsicht auch gegen die Produktionsabsicht der Serie glaubhaft gemacht zu haben, machte den Starruhm Johnsons in **Miami Vice** aus.

In **Sommerparadies** verzichtet der Star darauf, durch seine typischen Manierismen Handlung und Dialog zu unterwandern und die Botschaft „Don Johnson" zu verkünden. Er spielt. Und wirkt dabei manchmal so echt, als spiele er sich selbst. Wie Don Johnson im „richtigen" Leben, fernab der Leinwand, an der Seite von Melanie, der mitten in einer Alltags- und Ehekrise steckt. Das verblüffte viele, ärgerte einige, bewunderten seine Fans, die von diesem Darsteller noch große, ähnliche Rollen erwarten. Don Johnson: ein seltener Star mehr für das anspruchsvolle Hollywood-Melodrama der neunziger Jahre. ●

TOUCHSTONE HOME VIDEO

Melanie Griffith   Don Johnson

Sie leben im Paradies, doch die Vergangenheit wirft ihre Schatten...

SOMMER PARADIES

Don Johnson und Melanie Griffith im erfolgreichen Remake des französischen Films *Am großen Weg.*

Theaterrollen...

Your Own Thing (1968)
Fortune and Men's Eyes (1969)

Fernsehauftritte

Police Story
The Bold Ones
Young Dr. Kildare
Sarge
Kung Fu
Big Hawaii (1977)
The City (Stadt der Gewalt, 1977)
Ski Lift to Death (1978)
The Rebels (Die Rebellen, 1979)
Amateur Night at the Dixie Bar and Grill (1979)
From Here to Eternity (Verdammt in alle Ewigkeit, 1980)
Revenge of the Stepford Wives (Terror in New York, 1980)
Elvis and the Beauty Queen (1981)
The Two Lives of Carol Leitner (1981)
Beulah Land (1982)
Miami Vice (1984-1989)
The Long Hot Summer (Der lange, heiße Sommer/Flammender Sommer, 1985)

Schallplatten/CD

Heartbeat
Let It Roll

Video

Heartbeat
USA 1987. R: John Nicolella. B: Gil Evans, Francis Delia, Don Johnson. K: Tony Mitchell. Schn: Tom McQuade. P: Bill Brigode. Ausstattung: Michael Z. Hanan. Choreographie: Sarah Elgart. Besetzung: Bonnie Timmerman.
Darsteller: Don Johnson, Maria Johnson, Paul Shaffer, Giancarlo Esposito, Angela Alvarado, Lori Singer, Chadd Phinney, Sandahl Bergman, David Carradine, Luzi Guzman, Willie Nelson.

Produktionen

Kinofilme......

Erklärung der Abkürzungen:
R: Regie   T: Ton
B: Buch   D: Darsteller
K: Kamera   Jahreszahl:
Schn: Schnitt   Jahr der
M: Musik   Uraufführung

Anfänge

Stanley Sweetheart (The Magic Garden of Stanley Sweetheart)
USA 1970. R: Leonard Horn. D: Don Johnson, Linda Gillin, Michael Greer, Dianne Hull, Holly Near.

Zachariah (Zachariah)
USA 1971. R: George Englund. D: John Rubinstein, Pat Quinn, Don Johnson, Elvin Jones, Dick Van Patten, Country Joe.

The Harrad Experiment
USA 1973. R: Ted Post. D: James Whitmore, Tippi Hedren, Don Johnson, Laurie Walters.

Wild Drivers (Return to Macon County)
USA 1974. R: Richard Compton. D: Nick Nolte, Don Johnson, Robin Mattson, Eugene Daniels, Matt Greene, Laura Sayer, Robert Viharo.

Der Junge und sein Hund (2024/ In der Gewalt der Unterirdischen/ A Boy and his Dog)
USA 1975. R: L. Q. Jones. D: Don Johnson, Susanne Benton, Jason Robards.

Melanie
Kanada 1982. R: Rex Bromfield. D: Glynnis O'Connor, Don Johnson, Burton Cummings, Paul Scorvino.

Soggy Bottom USA (Soggy Bottom, U.S.A.)
USA 1982. R: Theodore J. Flicker. D: Ben Johnson, Dub Taylor, Ann Wedgeworth, Don Johnson.

Verbrannte Erde (Cease Fire)
USA 1985. R: David Nutter. D: Don Johnson, Lisa Blount, Robert F. Lyons, Richard Chaves, Rick Richards, Chris Noel.

Sweet Hearts Dance – Liebe ist mehr als ein Wort (Sweet Hearts Dance)
USA 1988. R: Robert Greenwald. D: Don Johnson, Susan Sarandon, Jeff Daniels, Elizabeth Perkins, Kate Reid, Justin Henry.

Große Kinorollen

Dead Bang – Kurzer Prozeß (Dead Bang)
USA 1989. R: John Frankenheimer. B: Robert
Foster. K: Gerry Fisher. Schn: Robert F.
Shugrue. M: Gary Chang. P: Lorimar
Telepictures/Steve Roth.
Darsteller: Don Johnson (Jerry Beck), Pene-
lope Ann Miller (Linda), William Forsythe
(Kressler), Bob Balaban (Webly), Frank Military
(Bobby), Tate Donovan (John), Antoni Stutz
(Ray), Mickey Jones (Sleepy), Ron Campbell
(Crossfield), Tim Reid (Dixon).
Da Don Johnson als Polizist Jerry Beck pri-
vate Schwierigkeiten hat, macht er Fehler beim
Fahnden nach einem Killer. Doch sein ber-
serkerhafter Einsatz lohnt sich. Er entdeckt
eine rassistisch-neofaschistische Verschwörung
und kann diese mit Hilfe schwarzer Polizisten
neutralisieren.

The Hot Spot – Spiel mit dem Feuer (The Hot
Spot)
USA 1990. R: Dennis Hopper. B: Nona Tyson,
Charles Williams, nach dem Roman „Hell Hath
no Fury" von Charles Williams. K: Ueli Steiger.
Schn: Wende Phifer Mate. M: Jack Nitzsche
und diverse Rockinterpreten. P: Paul Levis.
Darsteller: Don Johnson (Harry Madox),
Virginia Madsen (Dolly Harshaw), Jennifer
Connelly (Gloria Harper), Charles M. Smith
(Lon Gulick), William Sadler (Frank Sutton),
Jerry Hardin (George Harshaw).
Don Johnson als Autoverkäufer Harry Madox
strandet in dem texanischen Kaff Landers, lan-
det zwischen zwei Frauen, raubt eine Bank
aus, ermordet einen schäbigen Erpresser und
bekommt - moralisch im Zwielicht –, was er
verdient: das Flittchen, das er haßt.

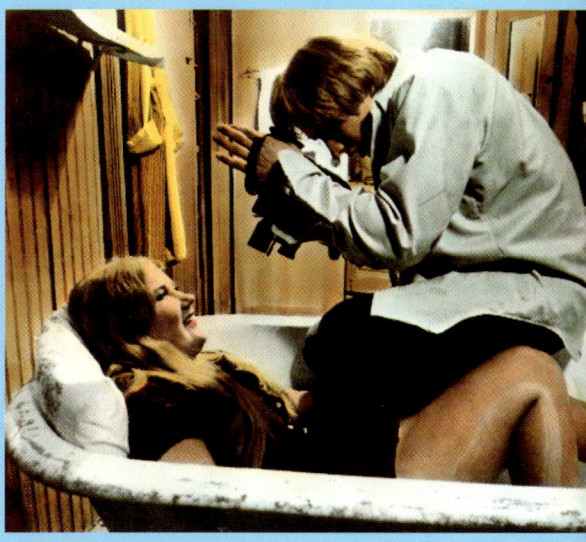

Harley Davidson & the Marlboro Man (Har-
ley Davidson and the Marlboro Man)
USA 1991. R: Simon Wincer. B: Don Michael
Paul. K: David Eggby. Schn: Corky Ehlers. M:
Basil Poledouris. T (Production Sound Mixer):
Don Johnson. P: Jere Henshaw für MGM.
Darsteller: Mickey Rourke (Harley Davidson),
Don Johnson (Marlboro Man), Chelsea Field
(Virginia Slim), Daniel Baldwin (Alexander),
Giancarlo Esposito (Jimmy Jiles), Tom Sizemore
(Chance Wilder), Vanessa Williams (Lulu
Daniels), Robert Ginty (Thom), Tia Carrere
(Kimika), Julius Harris (Old Man).
Don Johnson als Marlboro Man lebt, ausge-
stattet mit dem Lebensgefühl und dem Out-
fit eines Cowboys, am Rand von L. A. Als er ei-
nes Tages den Biker Harley Davidson trifft,
ändert sich sein Leben. Er überfällt einen Bank-
transporter, erbeutet Mafia-Drogen, hetzt mit
seinem Kumpel in endlosen Verfolgungsjagden durch diesen Film und Kalifornien und
besteigt nach unzähligen Schlamasseln als
Rodeoreiter einen Bullen.

Sommerparadies (Paradise)
USA 1991. R: Mary Agnes Donoghue. B: Mary
Agnes Donoghue, nach dem Film *Am großen
Weg* (Le grand chemin) von Jean-Loup
Hubert. K: Jerzy Zielinski. Schn: Eva Gardos,
Debra MacDermott. M: David Newman.
P: Scott Kroopf, Patrick Palmer für Touchstone
Pictures.
Darsteller: Don Johnson (Ben Reed), Melanie
Griffith (Lily Reed), Elijah Wood (Willard
Young), Thora Birch (Billie Pike), Sheila
McCarthy (Sally Pike), Eve Gordon (Rosemary),
Louise Latham (Catherine Reston Lee).
Don Johnson als Familienvater Ben Reed lebt
mit seiner Frau Lily auf dem Land. Die beiden
haben sich jedoch, nicht zuletzt durch ein trau-
matisches Ereignis, bei dem ihr eigener Sohn
starb, voneinander entfremdet. Erst als sie in
den Sommerferien Besuch von einem Stadtjungen bekommen, nähern sich beide über
die Beschäftigung mit dem Feriengast wieder an.